童子《わらし》あつまれ
聴き耳たてろ

とらおおかみ

子どもらの心が生んだ物語

川手鷹彦

地《ち》湧《ゆう》社

とらおおかみ　子どもらの心が生んだ物語

母に捧ぐ

〈目　次〉

プロローグ

「とらおおかみ」という昔話の勉強会を、各地で開いているのですが、そのひとつが北海道の伊達《だて》市にあり、「伊達とらおおかみ」と言います。そこに集《つど》う子育て中の母たちと、物語について話し合いを持ちました。

私はとても幸運なことに、祖母や母から物語を聞いて育ち、少年期には伝承民話に詳しい叔父の手解《てほど》きで各地の民話に触れることができました。そして十代の後半には子どもたちにお話を語る機会にも恵まれました。それがいつの間にか専門分野になり、「伊達とらおおかみ」の母たちとも昔話に学び、また新しい創作話を創っています。

それらの話を各地の子どもたちに語り聞かせています。子どもたちは次々新しいお話を欲しがります。新しいお話を引き出してくれます。

こうして母たち子どもたちのおかげで、ここ数年はよほど多くの物語ができました。

母子とともに創ったお話のくさぐさが基になり、母が子に物語を語ることの大切さについて考えようと、本書の旅は始まりました。道すがら気になったのが、「実際母たち親たちはどんなお話・物語を、どういう気持ちで子どもに語っているのだろう」――そこで早速彼女たちに尋ねたのです。

「伊達とらおおかみ」懇談会（二〇一〇年五月十二日　北海道伊達市　木村洋子宅）

〈参加者とその子どもの年齢・性別〉
木村洋子《ようこ》　二十歳男、十二歳女、八歳女
森貴子　九歳男
木村里子　十五歳男
水島好《よしみ》（坂東剛《たけし》の妻）　十四歳女、十二歳男、一歳男
坂東剛（水島好の夫）　同右
新村《しんむら》直子　二十一歳女、十七歳男
小久保由香　十七歳男、十四歳男
二木尚美　十四歳女

川手　昔話、物語のことについて、楽しくじっくり語らいたいと思います。まずはご自分が子どものころの体験について聞かせてください。

新村　祖母がよくお話をしてくれて、それが楽しくてしかたありませんでした。多くは彼女が子どものころの思い出話でしたけれど、とてもなつかしい思い出です。

二木　私は残念ながら子ども時代お話を聞かなかったし、本もあまり読んでいませんでした。それで、自分の子にはたくさん聞かせたいと思ったのです。

水島　うちの母はとても忙しい中、家にあったたくさんの本の中から読んで聞かせてくれたなぁ。姉と弟と三人でいっしょに聞いたよ。夏になると蚊帳《かや》を吊って、その中で三人並んで聞くのがとても楽しかった。

木村里　私のところも自営業で母は忙しかったけれど、ひとつだけいつもしてくれた話があり、それが忘れられません。それは『赤い自動車と青い自動車のお話』で、筋は毎日少しずつ違うのですが、「赤い自動車は乱暴者、青い自動車はおとなしくてきちんとしてる」、というのは変わらないので、私もそれがわかっているから安心して聞いていました。私の兄は破天荒だったので赤い車、自分はいい子だから青い車と、自分で納得していました。

木村洋　私は子どものころディズニーのシンデレラが大好きで、それが心の中にがっちりはいってしまっている。シンデレラの人生が自分の人生と重なってそれから抜け出せない感じがあって、自分の子には違うものを与えたかった（アニメーション、キャラクターについては六章Ⅵ・Ⅴ参照）。

森　私は母がいなかったので父が古いお話の本を読んでくれました。小学校にはいってからは、その本を自分で読むようになり、ひとつ読み終えると目次のところの物語の題名の上に○印をつけてゆくのが楽しみでした。

川手　その中で特に印象に残ったお話はありますか。

森　はい、ぼんやりとですけれど…、三歳ぐらいの幼い子どもの言葉を老人が尊んだ話で、それからずっと生きる指針になってます。

川手　子どものころに心に刻まれたことって大切ですね。そして今はみなさんが母として父として子どもにお話を聞かせる立場になった、―その体験談をお願いします。

森　初めは絵本を見せていましたが、三歳から童話を読んで聞かせるようになり、動物話はとても喜んで聞いていました。小学校にはいる前後には、児童文学が気に入って、下村湖人の『次郎物語』を好みました。

新村　うちは伝承されている昔話をすると、「お母さん、そこ前にしたのと違うよ！」って指摘されるし、本を読み聞かせていたら、一時間でも二時間でも寝ないし大変なので、苦肉の策で即興話にしてました。そうすると筋立てなんか初めからないようなものなので、前の日と違っていても気にならないらしく…。

二木 うちの娘も同じ。いつまでも聞きたがった。全然寝てくれないので、最後は自分で創った話をしてあげると、なぜか満足して寝てくれました。

木村洋 うちの子たちも私の創った話のほうが好きだな。木の穴の中に小人の家族が住んでいる話（『二人の小人』巻末補遺I参照）で、その日起きたことを入れて話すと、娘は「ママ、それ私のことでしょ」って言うし、それから「ママ、あの話ああいうふうにしないで」って要求までしてくるしさ。それで翌日続きを話そうとすると「えー、またその話ー」って言いながら、終わると「明日どうなるのー?」って。

川手 お話に自分のことがはいっていると子どもはとても惹《ひ》きつけられる。これ、自分のことかな、次は自分はどうなるんだろうって親と子の関係を確かめている。私の母も「たかしくんの話」というのをしてくれて、たかひことたかしで微妙に違うので、変に想像力を掻《か》き立てられる。「たかしくん」がどうなってゆくのか気になってしかたがない。私には父親がいなかったのだけれど、ある晩母が「たかしくんに新しいお父さんが来ました」っていう話をしてくれた。母は勇気が要《い》ったと思います。私には父親の記憶がなかったけれど、父親という存在がどういうものなのかは知りたかった。

水島　その心が母に伝わったのだと思います。

川手　うちの子たちは引き出しをいつも開けっ放しにしたり、洋服がはさまったまま閉めるので、私ある晩フッと思いついて『引き出しお化けの話』(補遺Ｉ)をしたんだよね(爆笑)。これがものすごい効果があって、それからは二人とも家中の引き出しが閉まっているかどうか確かめてから寝るようになった。ところがその後も「引き出しお化けの話して！」ってせがむんだよね。すっごい怖がるくせにね。

みんな　どこが？

川手　それはね、いわゆる「教訓話」とは紙一重の差、ひと味違うからですよ。

みんな　どういうふうに？

川手　話の最後に、「だから引き出しはちゃんと閉めましょうね」って言わないでしょ。

水島　うん、言わないわね。

川手　だからそれはあくまでも、『引き出しお化けの話』であって『引き出しを閉めさせる教訓話』ではないんですよ。

みんな　なるほど。

　よくわからなーい。

　わかったよーな、わからないよーな。

川手　ですから、引き出しお化けの話を聞いて、子どもたちが引き出しを閉めるのは、その引き出しからお化けが出ないようにしているわけでしょ。そこではまだ彼らは物語の世界に生きている。けれどもそこで「だからこうしましょうね」とダメ押しがされると、子どもの心はいきなり現実に引き戻されてしまう…。

みんな　ふーん、そんなもんかしらね。

木村洋　なんとなく、わかったかな。

この「わかるようなわからないような感じ」、川手先生の話っていつもこうなのよ。「とらおおかみ」の会でもさ、みんな伝承昔話の種類とか解説とか、そういうの期待して来てるのに、全然違う話するからさ。リズムとか響きとか、初めて聞いてもわたしたちわけわかんないって…。

水島　あ、「わたしたち」っていっしょにしないでね。

…で、子どもたち剛さんのお話もよく聞いてたよね。

板東　上二人の子の母親を九年前交通事故で亡くして、彼女は生前子どもたちにお話をよく聞かせていたので、自分もそうしようと思って、思いつくまま、単純な内容なんだけど…。それが去年、息子がふいに「昔、お父さんいろいろ話してくれたよね。あれ本当の話だよね」って…。

小久保　夫が話をしているときの、父と子の関係ってうらやましい。とても間に割ってはいれない感じで。

木村洋　お父さんがお話してくれるなんて、貴重だよね。

水島　だけどね、剛さんはお話を子どもに聞かせてるうちに自分が先に寝ちゃうので、バシバシたたかれて起こされてたよね。

新村　私もよく寝てしまって、子どもに「起きて！」って起こされてました。

木村洋　あたしもシングルマザーで働いてるからさ、ときにはヘトヘトで帰るわけよ。お話する気力も湧かない…で、子どもが「ママお話して」って言うから、「ちょっと今日は勘弁して。ママ、ヘトヘト」って言うとね、子どもたちが、「じゃあママ、私がお話してあげる」って本当にしてくれるんだよ…。

川手　いいですねー、その話。子どもはお話の宝庫ですね。

木村洋　いいですねーって先生また普通じゃないこと誉《ほ》めてくれるけどさ、母子関係なんて実際修羅場だからね。

水島　ホント、でも洋子はよくやってるよね。あたしなんかつい叱ったり怒ったりするのにあなた優しく忍耐強いもんね。

木村洋　そ、そんなことないよ。

水島　いや、私が言いたいのはさ、子育ても物語もさ、形じゃなくて心だってことで。何々メソッドとか何々システムなんて言われても、そんなきれい事が成立するなら世話ないわけでしょ。そういうの聞いて母親はますますどうしていいかわからなくなるんだよね。お話っていうのは生活の中から自然に生まれてくるもので、無理苦理《むりくり》いいお話しなきゃって肩に力入れてたらしんどくて固まっちゃうでしょ。暮らしの中のちょっとした出来事とか疑問から、ポッて浮かんでくるものだから。

森　子育ても塞翁《さいおう》が馬。

木村洋　って貴子さん、あんたまでわけわからないこと言いだすし…。

木村里　子育てなんて予測できるものじゃないから、一喜一憂しないで、母はドンと構えてろってことでしょ。

木村洋　なるほどー。だから今度先生のつくる本も表面的じゃなくていつも「とらおおかみ」で話してくれるみたいにさ、突拍子もないことのようでみんなの心にズシリ、シックリとくるだろうね。ほんとに今の時代ってさ、お母さんが迷子になってるの。みんな袋小路で行きづまってる状態。だからこの本がそこから抜け出す手がかりになるといいよね。

子どもらよ、お話くれてありがとう

子どもたちとの学びの場である「青い丘」は、木造二階建ての一軒家です。一階の広い部屋で、子どもたちと二～三名の先生たち（現場のスタッフ）がごっこ遊びやわらべうたに興じています。

私は二階で執筆し、また父母と懇談しています。そして物語の時間になると、呼ばれて降りてゆくのです。

そこでどのようにお話ができるのでしょう。私は子どもたちの前に坐り、心の中で子どもたちに尋ねます。すると、ちょっとしたきっかけでお話がこぼれ出します。この子は今日こんな顔をしている、こんなことを感じている…。実は子どもたちが何を語るべきか、そっと教えてくれるのです。

その日、私たちは初めての試みをしました。お話が子どもたちから私に伝わり、それが即興的に語られて形になってゆく様子を記録するため、その現場を意図的にしつらえたのです。

私は準備を二階の書斎でしていました。準備といっても、お話を考えるのではありません。あえて〈何も考えない〉ということを自らに課しました。心をまっさらにして、子どもの顔を見てから物語が始まるように心の「準備」をしたのです。

「川手先生ー！　お話の時間でーす」

階段を降りる間も何も考えないようにして、子どもたちと先生たちの前に坐りました。そして三人の子ども、鈴恵《すずえ》と悠生《ひろき》と凌司《りょうじ》を見ると、なんだかゴホゴホしています。ちょうど、新型のインフルエンザが大流行しているころでした。そこでインフルエンザのお話になりました。


三人の子どもは、インフルエンザに追われ、タイ王国まで逃げてゆく。ホテルのバルコニーから大河チャオプラヤーの流れを眺めていると、インフルエンザにかかった人のたくさん乗った舟が来る。

「インフルエンザがタイにも来たー、逃げろー」

というわけで、三人は上流へ向かって泳ぎます。舟はずんずん迫ってくる。するとわにが三匹現れて
「どうした日本の子どもたち、わに？」

「風邪に追われているのです。わにさん助けてー」

「それならわしらの背に乗りなわに」

三人はわにの背に乗って逃げてゆく。

「あー、助かった。お礼しましょう。わにさん何が好きですか？」

「フッフッフッ、わしらがいちばん好きな・の・は…やわらかくておいしい…日本の子どもたちだぁ、わにわにー！」

「助けてくれー」

「こらまてー」

今度は三人の子どもたちとわにと舟の追いかけっこ。…そのうち川幅がだんだん狭くなってきて、向こうに滝が見えてきました。

「うわー、きれいな滝だ」

「みんなで行ってみよう！」

子どももわにも舟に乗っていた人たちも、みんなそろって滝壺まで行きました。

「あー、気持ちがいい」

「来てよかったねぇ」

「マイナスイオーン」

みんなはたちまち元気になり、仲良く帰りましたとさ。

…というお話ができました。悠生くんと凌司くんは、私が執筆のため常宿《じょうやど》にしているホテルに来てくれたことがあり、舟が通るたびにバルコニーへすっ飛んでいっては眺めていましたので、そのときの様子を入れてみました。実際に起きたことが語られると子どもたちは喜びます。

二人の男の子が帰るのと交代に穣《ゆずる》くんが来ました。二階で待機している間、今度は〈何も考えないい〉ようには、しませんでした。すると急にどこからか、

「風邪の下取り人」

という声が聞こえたのです。

階段を下りる間、私は「風邪の下取り人」が穣くんの家へ向かう気分で階段を下りました。

穣くんの前に坐ると、穣くんの家の様子、畳の部屋に床を並べて寝ている親子の風景が浮かんできました。穣くんの風邪はお母さんにもうつり、二人して天井板を眺めています。私は穣くんのうちの玄関を開けて呼びたくなりました。

「ごめんくださーい。山口さーん。風邪の下取りでございまーす」

こんなふうに二つ目のお話はできたのです。

ゆずるくんの風邪

ゆずるくんは風邪をひきました。インフルエンザというのです。学校を休みました。朝から晩まで家でお母さんと過ごしました。そしたらお母さんにインフルエンザがうつりました。

二人並んで寝ていました。畳の部屋にふとんを並べ、天井を見ながら寝ていました。

「お母さんお母さん、天井がグラグラして見えるよ」

「私もよ、ゆずる」

「これは地震なの、それとも建設工事なの、お母さん?」

「いいえ、熱のせいよ、ゆずる」

「熱ってどれくらいかなぁ」

「そうねぇ、このグラグラなら三十九度ぐらいかしらね」

「グラグラの仕方で熱の高さまでわかるんだね、すごいねお母さん」

「そうよ」

「僕はメリーゴーランドに乗っているみたいだよ。お母さん、何度かわかる?」

「それはねゆずる、少し微妙な話なのよ。浅草の花屋敷のなら三十八度五分、多摩川園のメリーゴーランドなら三十九度二分なのよ」

「でもお母さん、僕のは品川のアクアスタジアムについてる奴ぐらいなんだよ」

「なんですって。品川のアクアスタジアム、そんなしゃれたところに貧乏なおまえが…、というか貧乏な私の子のおまえがいつ行ったんだい。チケット買わずにもぐりこんだんじゃぁないだろうね。ああ、私はこんな子を産んだ覚えはないよ。クックックックックッ…」

「お母さんお母さん、人間は病気になると気が弱くなったり被害妄想になったり感情の起伏が激しくなったりっていうけど、お母さんもそうなるんだね」

「あら、そうかしら」

「だって僕、お友だちに誘ってもらって、お友だちのお母さんにチケットを買ってもらったんだよ」

「ああ、そう。そりゃあよかったわね」

「だからその起伏が…」

「ごめんくださーい、山口さーん。風邪の下取りでございまーす」

ゆずるはびっくりして玄関へ出てゆきました。

「な、なんですか?」

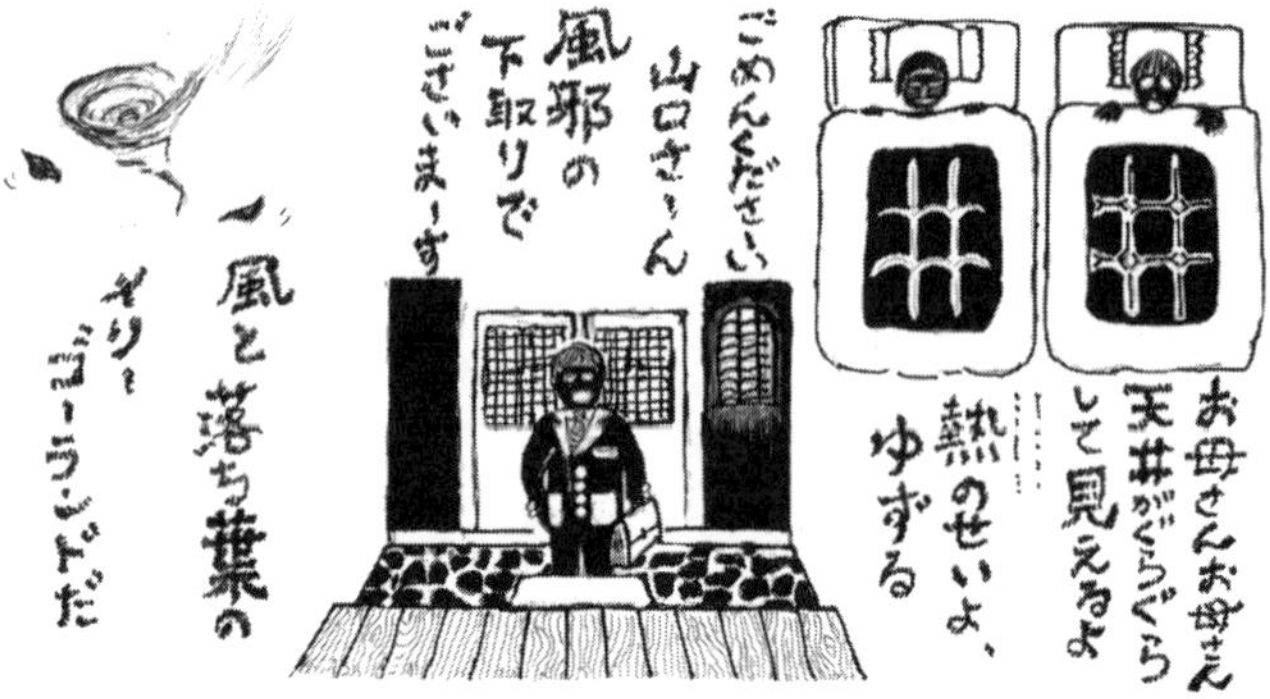

「あー、こりゃまたおぼっちゃん、いい風邪ひいてますねー。あなたのインフルエンザいただきにまいりましたー」

「えー、せっかくの風邪持って行かないでよー。メリーゴーランドで楽しんでいるところだったのに」

「ハハハ…そうですかそうですか」

「ゆずるー、ゆずるー」

そのとき、お母さんの呼び声がしましたので、ゆずるは畳の部屋に戻りました。

「誰なんだい？」

「うーん、風邪の下取りだっていうんだけど」

「風邪の下取り？　んなら早く持って行ってもらいなさい」

「え、そうしたら僕たちもうメリーゴーランドに乗れなくなるよー」

「そんなことないさ。風邪を持って行ってもらえるのなら、それはホラ、風邪が治るってことだろう。そうしたらおまえ、大手を振って本物のメリーゴーランドに乗れるじゃないかー」

「そうかー、お母さん。やっぱりお母さんはよく気がつくねー」

「ハハハ、そう誉めるなって、ゆずる」

そこでゆずるは二人分のインフルエンザを下取り人に渡しました。

「毎度ありがとうございまーす。それでは、またおひきになったら参りますので」

下取り人は玄関の引き戸をカラカラと開け、どこかへ去ってゆきました。ゆずるはふと思いました。

「それにしてもあの人、どうして僕ん家《ち》が風邪ひきってわかったんだろう」

ゆずるは尋ねようと思って玄関から外へ出ました。けれども下取り人の影も形もありません。家の前は木枯らしが吹いて、渦巻く風に落ち葉が舞い上がるばかりでした。

「風と落ち葉のメリーゴーランドだ」

と、ゆずるは思いました。

おしまい

翌日、再び風邪の話をしました。四人の子どもたちの顔を見ると、ありがたいことに、どんなお話が聞けるのかわくわくしているのです。かわいい罪のない純粋無垢な表情を見ると、いたずら心が芽生えてきて、

「生意気な四人の風邪っぴきの子どもたち」

と言ってみました。

子どもというものは不思議なもので、

「あなたはよい子、優しい子」

と誉めてあげることはとても大切ですが、物語に登場させて、

「生意気で、言うことをきかない、手に負えない子」などと言ってあげても、とても喜ぶのです。もちろんそれは

「おまえはダメな奴だ。役たたずだ。おろか者だ」

と否定するのとはまるきり違います。

ただ、どの子にもある「いたずらな」部分を物語の流れの中で指してあげると、痛くても気持ちいい…、普段あまり触《さわ》れられず突《つつ》かれずの部分が刺激されてスッキリするようなのです。

さて、ある村に四人の生意気な子どもたちがおりました。瞳《ひとみ》と太陽《たいよう》と睡蓮《すいれん》と真実《まみ》です。

この子たちはかわいい顔して人の言うことを少しもきかない、親の言うことなどききゃあしない！（子どもら喜ぶ！）
それがあるとき国中にインフルエンザが流行《はや》って、村にも来るというので
「インフルエンザがやってくるぞー」
と村人たちは近くの山に避難しました。ところが四人は大人の言うことときかないもんだから
「僕たちわたしたちは、避難しなくたって平気だもーん」
とそっくり返ってしきりに威張っておりました。（子どもらますます喜ぶ）
そこへインフルエンザの嵐がやってきて、たちまち四人を吹き飛ばしてしまうのです。
生意気言ってる子どもなどは、さらに遠くまで吹き飛ばします。ビュンビューン
あーあ、生意気言うから罰《ばち》が当たったかと思いきや、四人は村を越え山を越え、ビュンビュンビューンと飛んでゆき、そうしてグングン飛んでゆき、千人風呂にボッチャーン！
ああいい気持ちいい気持ち。四人は千人風呂のじいちゃんばあちゃんたちとおしゃべりして上機嫌。インフルエンザもたちまち治ってしまいました。
…というお話。

実は真実ちゃんの家はお風呂屋さんなので、飛んでいった先を温泉にしてみたのです。

次の週、また風邪の話になりました。先ほどの鈴恵のほかに、響《きょう》と悠菜《はるな》が来ています。

三人娘なので、
　一番上はインという名まえでした。

　二番目はフルという名まえでした。

　三人目はエンザという名まえでした。

　三人そろうとインフルエンザになりました。

…という役にして、みんなでお芝居して遊びました。

このようにして四つほどできました。

比べてみると、二番目の「下取り人」の話がよくできています。完成度が高いし、内容も普遍的でピッと凝縮されてリズムもよい。他のは私的な内容が多く、それで子どもたちは喜ぶのですが、活字として残ってゆくのは二番目の話なのでしょう。けれども他の三つあっての二番目の話なのです。

「ゆずるくん」のことを少しお話ししましょう。

山口穣《ゆずる》くんは、小学校の二年生のとき、大きな身体をお母さんに抱えられて、当舎を訪れました。ダウン症の男の子で、よく歩けませんでした。

梅雨のころだったと思います。その日も雨で、母子ともずぶ濡れでした。お母さんの眼鏡に油膜が張って虹色に輝いて見えました。

「この母親は子育てに奮闘のあまり、眼鏡を拭く時間もないのだな」

と思いました。

当時通っていた学校の指導で、

「欲しがるものは何でも好きなだけ食べさせなさい」

と言われていて、毎日一食はファストフードを「ドカ食い」していたのです。そのせいか、身体がパンパンに腫れて、うす赤いでき物の塊《かたまり》のようでした。これでは歩行がうまくゆかないのももっともです。

それからはセラピストの指導のもとに、食事療法も含めた体調管理を進める一方、「青い丘」に週に二度ほど通っていただくことにしました。まず歩行の練習をしました。童話『月夜のでんしんばしら』に出てくる宮澤賢治の言葉に合わせ

ドッテテドッテテ、ドッテテド、
でんしんばしらのぐんたいは
はやさせかいにたぐひなし

ドッテテドッテテ、ドッテテド

と踏みしめてゆくのです。初めは先生たちが左右から両手を支えてあげながら、そのうちひとりで。

するとみるみるよくなって、ひと月でまっすぐ歩けるようになり、三カ月で走れるように、半年で飛び跳ねるようになりました。同時に皮膚から不自然な赤みが抜け、表情も引き締まって、とても男前になりました。

この半年で穣くんと私の間に強い絆《きずな》ができたのです。

そしてそれから十二年、立派な若者になりました。芝居もいっしょにしますし、絵も素晴らしい。色とひとつになれるのです。

ですからこうしてできた「風邪の下取り人」の物語は、十二年来のつきあいの上に成り立っているもの、十二年の「魂の共同作業」から絞った精油《エッセンシャルオイル》のようなものでしょう。

ちなみにお母さんの眼鏡にもう油膜はありません。

さて、年に一度、現場の先生たちによる昔語りのアトリエ公演があるのですが、そこで『ゆずるくんの風邪』も見事に語られました。観客のみなさんはケラケラ笑って楽しんでおられましたが、いちばんよく笑っていたのは、穣くんのお父さんとお母さんでした。あとでお聞きしましたら、山口家の玄関の前は物語の最後の場面のように、木枯らしが吹くと渦を巻いて木の葉が舞うそうです。

私は一度もお宅へ行ったことがないのですが、こうしてお話には不思議で面白いことが起こります。

このようにして、私も子どもたちからお話をもらいます。

それが母子と違うところは、必ずしもひとりの子からもらってその子だけに返すのではなく、他の子にもあげる。たくさんの子どもたちから得たものをたくさんの子どもたちと共有するところでしょう。

●第一章●
母子のための十二のお話

I．お話のお話　お話の島を探して

昔むかしあるところに、お話がありました。けれども誰が探しても見つかりませんでした。子どもたちはおうちの中を探しましたがありません。お庭を探しましたがありません。池をのぞいてもありません。お空を見上げてもありません。どこにあるのかなあ。

ある晩子どもたちは、お月さまに尋ねました。

〈うた〉

貴い黄金《きん》のお月さま
お教えください　お月さま
私のお話
みんなのお話
どこにあるのです
貴い黄金のお月さま
お教えください　お月さま

するとお月さまは、静かに笑ってお答えになりました。

〈うた〉

天のお話は雨にそそがれ

遠い島影に見えてはかくれ

そこでみんなは、海の向こうのはるかかなたの小さな島へ、大切な大切なお話を探しにゆくことにしました。

お月さまの光が降り注ぐ海原に、小さな舟が漕《こ》ぎ出します。

ギッチラコ　ギッチラコ

ギッチラ　ギッチラ　ギッチラコ

けれども、どこまで行っても島影さえも見えません。あんまりお腹がすいたので、お弁当のおにぎりを食べることにしました。

モグモグ　モグモグ　こりゃうみゃい

こりゃこりゃうみゃぁい　こりゃうみゃい　モグモグ

するとふなべりをトントンたたくものがあります。それは目に美しい真っ青なお魚でした。

おいしいおにぎり　僕にもください
おいしいおにぎり　わけてください

そこで子どもたちはおにぎりを半分にしてお魚にあげました。

ありがとう　子どもたち

さて、子どもたちは、再び舟を漕ぎ出しました。

ギッチラコ　ギッチラコ
ギッチラ　ギッチラ　ギッチラコ

けれども、どこまで行っても島影さえも見えません。

ああ　いずこにも　島影はない
ああ　いずこにも　お話はない

そのとき、ふなべりをまたトントンたたくものがあります。それは先ほどの青いお魚でした。

島を探しているのですね
お話の島　大切な島
僕らについていらっしゃい

見ると数えきれないほどたくさんの青い魚が舟の先を泳いでいます。子どもたちは元気を出して力いっぱい漕ぎました。水平線の向こうの空が白んできました。そしてうっすら小さな島影が見えてきました。

島が見えたよー

島はずんずん近づいてきます。すると、島の上で誰かが手を振っています。あれはなんと、子どもらのお母さまではありませんか。

あっ、お母さんだ！
—子どもたちー、こっちですよー
お母さーん
—子どもたちー

舟は無事島に着きました。そうして子どもらはお母さまに大切な大切なお話を聞かせてあげたそうです。

おしまい

二〇〇六年四月二十五日

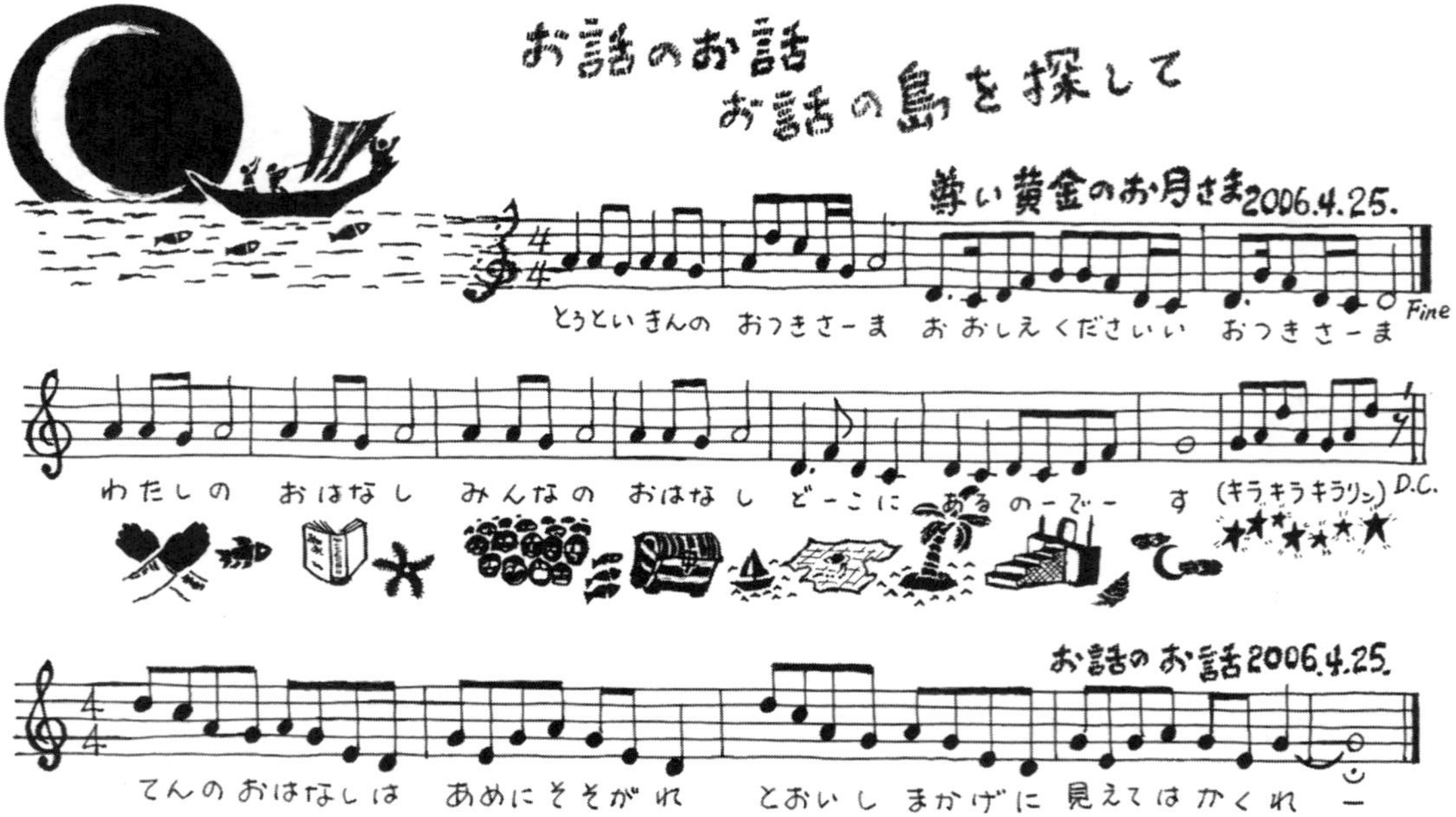
お話のお話
お話の島を探して
尊い黄金のお月さま2006.4.25.
とうといきんの おつきさーま おおしえくださいい おつきさーま
Fine
わたしの おはなし みんなの おはなし どーこに あるのーでー す (キラキラキラリン) D.C.
お話のお話2006.4.25.
てんのおはなしは あめにそそがれ とおいしまかげに見えてはかくれー

喪失と再発見

子どもたちはお話を探している。ここに「喪失」という問題が出されます。失われた物語、失われた人の心はどこへ行ってしまったのか…。

私たちは「喪失」の時代に生きています。子どもらは「失われた時代」に生まれてきたのです。その「失われてしまった」という感覚を現代の子どもらはひしと抱えている。私も子どものころに感じました。しかしそれよりもはるかに強い喪失感を私は彼らの内に見ます。

私たちは何を失ったのか。

伝統的な村社会・地域社会が崩壊し、お祭りや近所づきあいがなくなりました。テレビをはじめとするメディアへの過剰な依存により豊かな想像力が失われました。そして目に見えぬものや人を敬う心、自然を大切に思う心がなくなってしまいました。

本来子どもは昔話や物語を聞き、ごっこ遊びをしながら、畏怖する心や想像力を育み、わらべうたを歌いながら生き物や自然に対する慈しみの気持ちを紡《つむ》ぎ出すのです。

私の子ども時代よりはるかに強く、彼らは物語を求めています。彼らが現代に生きるというそのこと自体が、失われた物語を見つける物語なのです。それがまさに『お話のお話　お話の島を探して』という物語の持つ意味なのだと思います。
この物語は一度にできたのではありません。幾度も即興で語りながら徐々に創られてゆく道は、まさに子どもらとの物語探求の旅でした。

私たちは舟に乗りました
そして海へ漕ぎ出しました
美しく青い青い海です
引き込まれるような美しさです

多くの神話や伝説の眠る海、エーゲ海[*1]を、ギリシアからトルコへ船で旅したことがあります。エーゲの青さは私の知っている限り、世界中のどの海よりも青いのです。それも他に抜きんでて青く、文字通り「引き込まれ」ます。共に旅したスイスやドイツの仲間たちは「死の海」と呼んでいました。尋ねると藻やプランクトンが少ないからだということでした。
エーゲの青さは「死の青」です。
「青」はまた死に関わりのある地名に出てきます。[*2]
例えば「青山土手から」というわらべうたがあります。

青山土手から東を見ればね
見れば見るほど涙がポロポロ
ポロポロ涙を袂《たもと》で拭《ふ》きましょ
拭いた袂を洗いましょ
洗った袂を干しましょ
干した袂を取り込みましょ
取り込んだ袂を畳《たた》みましょ
畳んだ袂を箪笥《たんす》に仕舞いましょ
仕舞った袂を鼠《ねずみ》がガリガリ
ガリガリ袂をボロ屋（くず屋）に売りましょ
売ったお金でお蕎麦《そば》をツルツル
ツルツル親父のはげ頭

亡くなった魂が西岸であるあの世から東岸のこの世を見つつ、徐々に地上への執着を浄化してゆく過程を歌ったものですが、西岸すなわち彼岸の岸辺を「青山土手」と呼んでいます。

ただしこの「死」この「青」は忌み嫌うべき「死」、悲劇としての「死」ではありません。この「死」は、すべての生命が出発《たびだ》ちそしてまた還《かえ》ってゆく魂の豊かな故郷《ふるさと》であり、そこにも青い海原のイメージが重なります。

お話では「青い海原」だけでなく「青い魚たち」が登場し、「お話の島」へと導いてくれます。

このお話がまず沖縄の子どもたちに語られて形になっていたのですが、今読み返してみると、沖縄文化に伝わる楽土「ニライカナイ」が海原のはるか向こうに滲《にじ》んでいます。

このお話の主題が「喪失」であることは以上述べた通りですが、しかしそれはただ否定的な「失くした」ではなく、「再び見つける＝再発見」に向かうものであったのです。

その意味で、現代の子どもらが切実に感じている「喪失感」も、再生へつながるものになることを願います。

「失くした気持ち」が深ければ深いほど「また見つけよう」という再生へのエネルギーも自ずと強くなるはずです。私はですから現代の若い世代、子どもらに期待しているのです。荒廃した社会の中で、薬物や自傷行為や仮想現実へ向かう彼らの潜在的エネルギーはもともとものすごいものなのですから、それが藝術的・生産的な方向へと向きを変える可能性を信じますし、またそうなったときの創造性には私たちの計り知れないものがあるでしょう。そしてその「方向付け」が幼少期に物語によって為《な》されるようになるならば、閉じかけている人類の未来の扉も開かれようというものです。

私はけっして大それた物言いをしているのではなく、家庭や教育現場での日々の小さな努力とその積み重ねこそが文化再生につながる、その大切な要素が母と子の物語であると確信しているのです。

物語の深い思想と《美しい響きとリズム》は子どもらの心から湧き出たものに違いなく、けれどもお話を語るという行為自体は、みなさんが身をもって次の世代に伝えるべきことなのです。物語、昔語りという文化の襷《たすき》を是非次世代に渡してください。

＊1　地中海のうち、特に東部の多島海域。アイゲイア、アイガイアとも。現ギリシア本土（ペロポネソス／バルカン半島）と現トルコ本土（小アジア半島）にはさまれた海域で、ギリシア神話／悲劇／叙事詩など、古代ギリシア文化の重要な舞台のひとつ。名称は海の女神テティスとともにこの海の海底を支配した巨人アイガイオンより。

＊2　『常世論』（谷川健一著　講談社学術文庫）参照。

Ⅱ．ぴぴじゃーぬすぶる／ヤギの頭

昔むかし、南の島に一頭のピピジャー（雄ヤギ）[*1]が棲《す》んでいました。たいへん立派な角《つの》を持つ、美しい雄のヤギでした。ある日のこと、一羽のガラサー（カラス）が空を飛んでいました。するとと美しく見事なヤギの角が目にとまりました。カラスはヤギが草を食べている草原のそばのでいご[*2]の木の枝まで降りてきて呼びかけました。

「カァーカァー、ヤギさんヤギさん、こんにちは、カァー」

ヤギは答えました。

「メェーメェー、カラスさんカラスさんこんにちは、何かご用ですか、メェー」

「カァーカァー、あなたの角はたいへん立派で美しいですね、カァー」

「メェーメェー、ありがとうありがとうカラスさん、メェー」

「カァーカァー、ヤギさんヤギさん、私はずうっと前から、一度でいいからあなたの角に止まってみたいと思っていたのですが、いかがでしょう、カァー」

「メェーメェー、いいですともいいですとも、どうぞお止まりなさい、メェー」

角に止まってみると、カラスはヤギの毛並《けなみ》がたいへん美しいことに気がつきました。特に角と角の間の頭のてっぺんは、毛が渦を巻いて珍しく、カラスの心を奪いました。

「カァーカァー、ヤギさんヤギさん、珍しく渦を巻いたあなたの頭の上に、あなたの見事な毛並から少しいただいて、巣をつくりたいのですが、いかがでしょう、カァー」

「メェッ、エェッ（ギクリとする）、メェーメェー、ああいいですともいいですとも、どうぞおつくりなさい、メェー」

カラスは大喜びで、ヤギの頭のてっぺんに素敵な巣をこしらえると、そこに住むようになりました。そのかわりお掃除がてら、ヤギの身体をツンツン突《つつ》いてノミをとってあげました。ツンツンツン…ああ気持ちがいい…

それからというもの、カラスとヤギはたいへん仲良しになり、いつもいっしょにカァーカァー、メェーメェー、と声を合わせて歌いました。

〈うた「ピピジャー」[*3]〉（カラスとヤギの鳴き声で）
メーカーカー　メカカカーメカ
カメメメカカー　カメメカ
カメメカ　カメカー
メカカメ　メーカーメー

（歌いにくい場合は次の歌詞で）
ピピジャー　頭中《すぶるなか》に
ガラサ鳥《とうい》ぬ　巣《す》へったんと
スンスンテンヨ　スンスンテン
スンスンテンヨ　スンスンテン

（ヤギの　頭の中に
カラスが　巣をつくった
チントンシャンの　チントンシャン
チントンシャンの　チントンシャン）

珍しい歌声を聞きつけて森中の動物たちがやってきました。（さまざまな動物たちが近づいてくる音や鳴き声）そしてみんなでいっしょに歌いました。

〈うた「ピピジャー」繰り返し〉

それから村の子どもたちもやってきました。（子どもたちの声）そしてみんなでいっしょに踊りました。

〈うた「ピピジャー」繰り返し〉

そうしてみな、朝まで楽しく歌い踊りましたとさ。

二〇〇三年　初稿
二〇〇四年一月十八日　第二稿
二〇一〇年三月二十二日第三稿
竹富島に伝わる民話とわらべうたを基に再話

＊1　竹富島など八重山諸島では雄ヤギを「ピピジャー」、雌ヤギを「ミピジャー」と呼ぶ。ちなみに沖縄本島では広い地域で、ヤギを「ヒージャー」と言う。（宮古島「ピンザ」本島山原《やんばる》「ピージャー」）
＊2　梯姑《でいご》。マメ科。インド原産の落葉高木。高さ十五メートルに達する。枝は太く刺《とげ》があり、真紅の花は三〜五月に咲く。花は沖縄県花に指定。念珠状の莢《さや》は夏に熟す。材は漆器に使われる。
＊3　うた「ピピジャー」の楽譜は、『沖縄のわらべうた』（高江洲義實著　沖縄文化社）参照。

動物物語[＊1]、原像の融合

キツネやタヌキ、オオカミやヒツジ、動物の出てくる話は子どもらの心の大好物です。

「今日はどんなお話聞きたい？」

と訊《たず》ねれば、たいてい誰かが

「こわーいトラの話してぇ」

「ウサギさんのお話してぇ」

「アルマジロとカメレオンのお話してよ」

などと言うものです。

では、動物物語のいったい何が子どもの心に働きかけ、そのとき子どもは何を感じているのでしょうか。

第一に物語の中に登場する動物は、感情そのものだということ。その怒り、その恐れ、その哀しみは直截《ちょくせつ》で、包み隠すところがありません。

オオカミが仔《こ》ヤギを喰いたい。そのとき狼は喰いたくて喰いたくてしょうがない。それは恐ろしくもまたその一途さが微笑《ほほえ》ましくもあるでしょう。

トラやライオンが、自分の強さ、自分の偉大さを誇らしげに語る。その自信、その自己中心主義は、現実に人がそうであったなら鼻持ちならないことになるのでしょうが、それが物語の中ならなんとなく許せてしまう。その正直さが心地よくさえあるのです。

そのような一途さ正直さ、欲求の表現の直截さに、子どもは深く共感します。なぜなら子どももそうだから。あるいは子どもはぼんやりと次のように感じているのかもしれません。

「あれもしたい、これもしたい。でもできない。できないことばかりだ。僕の欲望を狼は代弁してくれる。気持ちがいい。スッキリする。僕の恐れを仔ヤギは代弁してくれる。共感できる。サッパリする」

このような「浄化《カタルシス》」つまり「感情の鬱屈《うっくつ》の洗い流し」が子どもの心に起こります。

さて、『ぴぴじゃーぬすぶる／ヤギの頭』には、カラスとヤギが登場します。カラスはヤギの頭に止まりたい。止まってみると今度はヤギの頭に巣をつくりたい。―考えてみれば言いたい放題ですよね。こんなに言いたい放題ができて、いいなぁ、ずるいなぁ、うらやましいなぁ…と子どもらは聞きながら思うかもしれない。

一方、ヤギはカラスの要求を受け入れる。角に止まるのはまだいいにしても、頭の上に巣づくりだってぇ、それも僕自身の毛をむしって使うのって、どういうことぉ…と思いながらも、いいですよいいですよと言ってしまう。―えー、これって鬱屈そのものじゃない？ ヤギさん大丈夫ー？

大丈夫です。ヤギは鬱屈を自らの優しさの表現に解消してゆく。すごいなぁ。僕にはそんなことできないなぁ。でもそんなふうになりたいなぁ。

ここに子どもは二つの感情の対比を見る。対照する二匹の動物の均衡を体験する。カラスとヤギ、オオカミとヒツジ等々。

これが子どもの動物物語に魅かれる第二の理由です。

この感情生活の対比と均衡は、後に『イルカとライオン』でお話しする「対照動物の思想」に発展してゆきます。

そして第三番目。子どもたちが動物物語を好きになる三つ目の理由は、そこに複数の動物種が登場するなら、それらがひとつに融合することです。ここにそれぞれの動物の本質である「原像」の融合が実現します。

カラスはヤギの頭に巣をつくらせてもらったお礼にヤギの身体中の蚤《のみ》をとってあげる。嘴《くちばし》でツンツン突っつかれるのがなんとも心地よい。こうして二匹は仲良くなる。切っても切れない仲になる。

こうして二つの「原像」が結び合います。

それでこの「原像の融合」が子どもらにはたまらない魅力なのです。

「原像」は、事物と営みすべてについて存在しますが、ここでは動物の「原像」について述べようと思います。

動物の感情のことを書きました。その「感情」も含めた、動物の本質、カラスのカラスたる所以《ゆえん》、ヤギのヤギたる所以《ゆえん》です。

特性や特長、能力というものも「原像」の要素です。カラスには飛ぶ力と鋭敏な感覚、ヤギには強い意志に裏打ちされた根気や忍耐力がある。そしてそれらの能力に関しては人をはるかに凌《しの》いでいます。

動物物語の中で、それらが融合するのです。するとそこには神的・超常的な存在感がみなぎり始めます。

カラスがヤギの角に止まっている姿を想像してみてください。それは最早「カラスとヤギ」ではなく「カラスヤギ」あるいは「ヤギカラス」という新種の動物、混合動物、融合動物になるのです。これは、ペガソス、スフィンクス、鵺《ぬえ》、獏《ばく》、麒麟《きりん》など、諸民族の神話に登場する獣神を想い起こさせます。[*2]

このような神的・超常的存在を子どもらの魂は憧《あくが》れ求めているのです。[*3] その憧憬その希求は心の奥底に発するものであり、であるからこそ、それらの姿は神話に刻まれたのだともいえます。その意味で子どもらとともに物語を創造してゆくことは、それがどんなに短く他愛のないものであるにせよ、新しい時代のための新しい神話誕生になりうるのです。

さて、動物物語のはたらきを、対比・均衡・融合と三つに分けてお話ししました。けれども子どもの心では、それらの動物たちはまさに〈自由自在〉に成長・変容・融合・遊離しています。

母は子どもに語り聞かせる。そのあとは子どもの仕事です。その想像力は計り知れず、絶え間のない生成を繰り返しているのです。

動物のお話を聞いたことがきっかけで、子どもの心に、その動物をもっと知りたいと思う気持ちが湧いたなら、それはまた何よりも素晴らしいことです。

「ヤギの頭の角と角の間には、本当に渦の毛並があるのだろうか」

—どうぞ自分で確かめてみてください。

「それならヤギを飼ってみたいな、世話してみたいな」

—かわいいしとても役に立ってくれます。野菜や果物の皮でもへたでもボリボリみんな食べてくれるし、性格も穏やかで顔つきもとぼけていて憎めません。

＊1　定形昔話から派生した派生昔話・鳥獣草木譚（柳田國男）、あるいは本格昔話に対置されるべき動物昔話（関敬吾）などと呼ばれる。

＊2　ペガソスは馬＋鷲《わし》、ケンタウロスは人＋馬、スフィンクスは女面＋獅子身＋ときには鷲翼、鵺《ぬえ》は猿頭＋狸胴＋蛇尾＋虎脚＋トラツグミ声、獏《ばく》は象鼻＋犀《さい》目＋熊胴＋牛尾＋虎脚、麒麟《きりん》は鹿胴＋牛尾＋馬蹄《ひずめ》。

＊3　子どもたちがアニメーションや映画の超人ヒーローやモンスターに夢中になり、ファンタジー小説に惹きつけられる、あの執着あの衝動は、実は本文に綴った「神的・超常的存在」への〈魂の深みから出てくる強く激しい憧れ〉の歪形《デフォルメ》である。この考察の詳細は第六章Ⅵ～Ⅶに記述される。

Ⅲ．鮫《さめ》に呑《の》まれたお医者さま　その名もドクトル・ビーカルト

昔、大きな船がたくさんの商人《あきんど》や旅の客を乗せて、そろそろ長崎の港に近づこうという時のことだった。

外海《そとうみ》から湾にはいろうとしたところで、急に船が揺れ出した。空はかんかん晴れているので嵐でない。みなは振り落とされぬよう、必死で船につかまった。そうしたら揺れがいったん収まったのでみながざわついていると、船頭がなんともすまなそうに言った。

「こいつぁ人喰い鮫のしわざだ。どうやらみなの衆の中から、ひとりばっかり呑み込みたいってことらしい。どなたさんかお気の毒だが、みなのために海へ身を投げてくれるお人はいないか」

すると客はみな青くなってちぢこまっていたが、その中から阿蘭陀《オランダ》医者のビーカルトさんが立ち上がって、

「ワタクシはヒトをおタスけするのがシゴトですから、ここはひとつ、サメをノみコみまショー！」

と言って往診用の黒い鞄《かばん》をしっかり抱え、いさぎよく海に飛び込んだ。みなは、「鮫に呑み

込まれましょう」が正しい日本語だと思いながらも、今更そんなことを気にしても始まらないので、船べりから首を出して様子を見た。すると波間からとてつもなく大きな鮫が現れて、ブッヒャヒャヒャヒャーと笑いながら大喜びでビーカルトさんを呑み込んだ。

あはれ、ドクトル・ビーカルト、これ一巻の終わりでしょうかー!?

いーやいや、まだこれからが面白い。

さて、鮫の腹の中にはいったビーカルトさんは、周りを見渡してみた。ほの暗い闇に目が慣れてくると、あるわ、あるわ…、いろいろ転がっているのがわかる。どうやら鮫は手当たり次第何でも呑んでしまうらしい。そこでビーカルトさんは、鍋と焜炉《こんろ》を探し出すと、黒鞄からバタヴィア[*1]の港で手に入れたコーヒーと水筒を出して沸かし、それからやはり転がっていた椅子に坐って足を組んでは組み直し、うまいコーヒーをすすりながら（阿蘭陀では音を出してすすってはいけません）すっかりくつろいで、霊感が下りるのを待っていた。ほどなくビーカルトさんはポーンと軽く手を打つと鞄の底をまさぐって、小腹のすいたときのためにルソン島[*2]の市場で買っておいた大きな芋《いも》をペロリと食べた。

それからアッと目を輝かせ、やはり黒い鞄から、シャム[*3]の薬屋に譲ってもらった臭い屁をひる薬を出して、それも一気に飲んでしまった。ゴクリ。

そうするとたちまち、芋のせいで大筒並《おおづつなみ》の大きな屁を

「ブボガーン」
とこいた。
そして次には、薬のせいで音なしっ屁を
「プスヒリー」
とひり出した。
ブボガーン、プスヒリー、ブボガーン、プスヒリー、とやってるうちに鮫の腹はパンパンになり、人喰い鮫はたまらなくなって
「ングブエッ」
とビーカルトさんを吐きだした。
ビーカルトさんは勢いよく砂浜まで飛んでいった。
船の上からそれを見ていたみんなも、船をよせて浜にあがり、
〈唱《とな》えことば[*4]〉
アッパレ、ドクトル・ビーカルト
我れを捧げて人助け
誰にもできることでない
あなたの神がそれを見て

助け出したに違いない
アッパレ、ドクトル・ビーカルト
アッパレ、ドクトル・ビーカルト
と祝いの酒盛りを始めた。
ビーカルトさんもすっかりごきげんになり、Hoera![*5]とひと声あげるなり、歌や踊りを披露した。

〈唱えことば〉
医者がへーこきゃ　サメが吐くーう　サメが吐く
サメが吐いたら　酒盛りだーあ　サカモリダ
アーアー　小気味よしーい　小気味よし
アッパレ医者に　アホウザメ　アラヨ　アラヨ　アラヨ…

するとそれを聞いた人喰い鮫がくやしがって
〈唱えことば〉
おまえみてぇな　へっこき医者しらねぇ
くっせぇくせぇも　ほどがあるぅ

もう頼まれても　けっして呑みゃしねぇ
くっせぇくせぇは　たまらんねぇ
ホラ　スッポコ　スッポコ　スッポコ　スッポコ
スッポコポッポッポッポッポッポッポッポー

と、医者が人の胸をトントンたたくような音でののしったとさ。

二〇〇二年、民話『鮫に呑まれる』を基に
二〇〇六年一月三日　第二稿

参考文献
『農民童話集　黄金の馬』（森口多里　実業之日本社）
『日本の昔話2　したきりすずめ』（おざわとしお再話　福音館書店）
『ヨナ書』旧約聖書

＊1　現在のインドネシア・ジャワ島のジャカルタ（首都）。オランダ領時代交易でたいへんに栄える港であった。

＊2　フィリピン群島のひとつ。さつま芋はコロンブスが新大陸からスペインに持ち帰り、スペインからフィリピンに持ち込まれ、フィリピンから中国経由で沖縄（琉球王国）へ、そして薩摩藩による侵略時代に沖縄から薩摩に伝わったと言われる。

＊3　サイアーム。現在のタイ王国。アユタヤー王朝（一三五〇～一七六七年）の都アユタヤーには欧州を含む諸国から交易を求める人々が訪れ、「アユタヤーに比べればロンドンはただの村」と言われるほどであった。
＊4　〈唱えことば〉は生き生きと、リズムよく唱えてください。
＊5　オランダ語。英語の hurrah　日本語の万歳にあたる。

大いなる母胎《ぼたい》への回帰

もろこしパンが狐に呑み込まれる。仔山羊《こやぎ》たちが狼に喰われる。――そのときその動物たちの腹は母胎です。自分の真《まこと》のお母さんはどこか別のところにいる、と幼な心に感じたことはありませんか。どこか遠くに故郷《ふるさと》があり、きっといつかはそこから迎えが来てくれる…それが「母胎回帰」という感覚です。

このお話はもともと、本邦に伝わる昔話『鮫に呑まれる』から始まったものでした。医者の玄那さんがみなの身代わりになって飛び込み鮫に呑み込まれる。鮫のお腹の中で玄那さんは苦《にが》い塗り薬を鮫の腹に塗り、その苦さに耐えかねて鮫は玄那さんを吐き出す。そういう物語です。

それを私は医者が鮫の腹の中で放屁するという設定にし、《リズムと響き》も私なりに整えました。子どもたちは古いほうも新しいほうもどちらもとても楽しんで聞いてくれました。それが二〇〇二年のことです。

ところが二〇〇五年の暮れに、旧約聖書の中にある預言者の書の一群を繰っていて、ハッとすることがあったのです。

ヨナ（またはヨーナス）という預言者についての巻、つまり『ヨナ書』には大魚に呑まれるヨナのことが物語形式で記されていて『ダニエル書』のライオンの洞窟の件《くだ》りとともに、文学や物語に親しむ者には特に気になるところではあったのですが、本邦の昔話との共通性については深く考えたことがありませんでした。

改めて読んでみると、なんだかよく似ているではありませんか。

こうなるといても立ってもいられなくなり、私はヨナ書の精神性を難しくはならない形で鮫の話に流し込めるのかどうか試してみたくなりました。

年が明けた二〇〇六年の一月に、私は改めて鮫と医者との物語の再話[*1]／創作に取り掛かりました。そこで医者をオランダ人にして、ドクトル・ビーカルトと名付けました。「ビーカルト」はスイス時代の役者仲間のオランダ人ヘレーン・ビーカルトから借りました。実際彼女の家系には医者がたくさんいるのです。

中でも彼女のお姉さん、ドクトル・マリレーン・ビーカルトは、タイの海中油田の施設で救命訓練をしていて大変な目に遭《あ》ったそうです。すなわちタイ人の作業員たちに

「みなさん泳げますか」

と尋ねたら、みなニコニコしているので、これは当然泳げるだろうと決めつけて
「それでは早速実地訓練、飛び込めぇ！」

と掛け声かければ、全員そろって元気よく沖合の櫓《やぐら》の上から大海原にジャボンジャボンと飛び込んだものだから、さあ大変！

実はみんなカナヅチなのに、先生の命令は絶対と、生命《いのち》がけで宙に身を躍らせたのでありました。ですから飛び込んだはいいものの、波間にバタバタ、ゴボゴボと溺れんばかり。そこでビーカルト先生はさすが救命医、タイ王国が誇る勇気ある（?）男たちを次々と救助して、自分ばっかり訓練の独り占めをされたそうです。

それからというもの、ビーカルト先生はアジア人の微笑《ほほえ》みの背後に隠れる本音を探るように努め、妹のヘレーン、つまり私の友人のヘレーン・ビーカルトに
「アジアの民の微笑みをけっして真に受けてはならぬ」

という、まことに知恵深い格言を残されたそうです。

というわけで、主人公をオランダの医者にしました。

オランダ人にしたのはもうひとつ理由があって、江戸末期にオランダ医師として来日し、日本の医学と科学の発展に大いに貢献した、ドイツ人フィリップ・フランツ・フォン・シーボル

トの面影を残したかったからです。
ただこれは、短い物語の中にそうそう盛り込めるようなことではなく、
正義感と犠牲的精神に満ちあふれた人
としてみなの代わりに飛び込んで鮫に呑まれましょう…という心意気を表現できたくらいです。[*2]
ヨナ書に戻ります。ヨナの物語は次のようです。
神の怒りによって起きた嵐を静めるためにヨナが海に飛び込む。それで嵐は収まるが、ヨナは溺れる。それを神は憐れんで大魚を遣《つか》わし、ヨナを呑みこませる。ヨナは大魚の腹の中で三日と三晩を過ごし（祈り）、そして大魚はヨナを陸地へ吐き出し、ヨナは救われる…
いろいろ違いはあるのですが、ここでは細部の比較にはいらず、共通点を見てみましょう。
それは、魚（鮫）の腹の中が居心地よい場所、魚の胃酸に消化されることもなく、生きていられる場であるということです。
グリム兄弟採集の『狼と七匹の仔山羊』でも狼の腹の中で仔山羊たちは生きている。それを一番下の末っ子が救うのだけれど、仔山羊たちが腹の中で苦しんだ形跡が少しもない。
それを子どもたちは何の違和感もなく聞いている。厳密に言うなら
「あれ、どうして大丈夫なのかな」

という疑問が頭をかすめ心をよぎったとしてもそれはほんの一瞬のことであって、それよりも呑み込まれた恐ろしさ、腹の中の様子への好奇心、飛び出して来たときの喜びのほうがはるかに大きく胸に刻まれることなのです。

そこに物語と子どもの心が響き合い、「共振」します。

子どもらが心のどこかでなつかしみ、探し求めている母の国、それがほの暗くて温かい鮫や狼の腹の中と重なり合うのです。

この物語の鮫にしても『狼と七匹の仔山羊』やジェイコブスの『三匹の仔豚』の狼にしても、尋常なものではない。動物園や水族館で見るものとはわけが違う。鮫や虎や狼という食物連鎖の頂点に立つ動物たちは、その動物界さらには大自然の神秘なる偉大さを代表し、その恐ろしさその優しさそのとてつもなさを子どもの心に響かせているのです。

＊1　採集された伝承文学を、現代口語文など読みやすい形にすること。ただし再話の作業の中で、再話の創意が意図的あるいは無意図的に混入した場合、それを再話とするか創作とするかの線引きは難しい。例えば『グリム童話』で、兄のヤコブは伝承に忠実であったが、弟のウィルヘルムは創意工夫に富んでいた。第六章Ⅱを参照。

＊2　参考文献　人物叢書『シーボルト』（板沢武雄著　吉川弘文館）『シーボルト、波瀾の生涯』（ヴェルナー・シーボルト著　酒井幸子訳　どうぶつ社）

Ⅳ．鬼たちの粥《かゆ》

昔まだ鬼の身体に色のついていなかったころ。

ある日鬼たちがお腹をすかせ、太郎のところにこぞって押しかけました。

「おーい太郎、おまえをペロリと食べにきたぞう」

「それなら鬼さん、まず裏山から柴《しば》＊1を刈り、枯れ木を拾ってきてください」

「よし、わかったー」

鬼たちは一目散に駆けてゆき、お山と家を何度も行き来して運びました。身体は真っ赤っかに光り、汗がシューシュー飛び散りました。太郎の家の前は山のような薪《たきぎ》でいっぱいになりました。

「おーい太郎、おまえをガブリと食べるぞう」

「けれども鬼さん、その前に畑へ行ってお芋《いも》を掘ってきてください」

「よっしゃー、わかったー」

鬼たちはまた一目散に駆けてゆき、畑に跳び込むと、ものすごい勢いで土を掘り起こし、芋を取りました。身体は土まみれ泥まみれで真っ黒くろになりました。太郎の家の前にはもうひとつ、芋の山が積み上げられました。

「おーい太郎、今度こそおまえをガリガリ食べちゃうぞう」

「いいえ鬼さん、もうひとつだけお願いします。海へ行って塩を取ってきてください」

「よぉーし、わかったー」

鬼たちはまたもや一目散に海辺まで駆けてゆき、ざぶーんと海に飛び込むと塩を取ろうとしました。けれどもどう泳いでももぐっても、さっぱり塩は取れません。鬼たちは困りました。するど浜辺で塩を乾かしている村人たちがおりましたので、少し分けてくれるように頼みました。

するど村人たちの言うには、

「塩などは、少し分けるわけにもゆかぬ。どうせならそこに積まれた塩袋を、みんな担いで持ってゆけー」

ところがこの塩袋の大きいこと重いこと。鬼たちは一所懸命運びました。けれども柴は刈ったわ芋は掘ったわ、海にももぐりましたので、大そう疲れておりました。重たい塩の袋を担いで歩くのもへっとへとのふっらふらで、身体《からだ》中まっしらしらけになりました。

太郎の家に着くころ、鬼たちはぐったり。今にも絶え入りそうでした。

「おーい太郎〜、わしらはもうへとへとじゃ〜。おまえを食べる気にもならんし、おまえを呑《の》み込む力もねぇ〜。けれども腹はペコペコだぁ〜。何かつくって食わしてくれ〜ぃ」

そこで太郎は家の前にある山のような薪を燃やし、山のような芋を大鍋でぐつぐつぐつぐつぐつぐつ煮て、鬼たちの持ってきた塩でパッパパッパパッと味つけし、おいしいおいしい芋粥をたっぷりつくってやりました。

腹をすかせた鬼たちは、ガツガツ・モリモリ・ペロペロと大喜びで食べました。

太郎もいっしょに食べました。大きな鍋はたちまち空になりました。

〈唱《とな》えことば〉
ああうまかったー　うまかったー
こりゃー　人の子よりうまい
今度も腹がへったなら
うまい芋粥炊いてくれ
芋は掘ってきてやるぞー
柴も刈ってきてやるぞー
塩も運んできてやるぞー
ああうまかったー　うまかったー

唄いながら踊りながら鬼たちは上機嫌で帰ってゆきました。

〈唱えことば〉

ああうまかったー　うまかったー
こりゃー　人の子よりうまい
今度も腹がへったなら
うまい芋粥炊いてくれ
芋は掘ってきてやるぞー
柴も刈ってきてやるぞー
塩も運んできてやるぞー
ああうまかったー　うまかったー　ああうまかったー　うまかったー……

唄声が遠ざかるのを聞きながら、太郎も嬉しく、けれどほんの少しだけ鬼たちを気の毒に思いながら、家の中にはいりましたとさ。おしまい。

二〇〇四年一月六日

＊1　薪に使うための雑木の小枝。

大自然と人の知恵

鮫《さめ》や虎や狼が、大いなる自然の驚異と生命力であると述べました。

この物語『鬼たちの粥』では、そのとてつもない力と人間が折り合いをつけ、またその力を制御し利用する様子が描かれています。恐ろしい鬼たちが太郎のもとへと押しかけ、食べてしまおうとするのですが、太郎は持ち前の知恵を働かせて、難を逃れるどころか、逆に鬼たちを言葉の力でいいように利用するのです。

これは古くは、水車・風車で粉を挽《ひ》き、石や木材で家を建てることでした。そしてその程度のことであるならば、人と自然はうまく折り合い共生してきたのです。

ところが産業革命が起こって、蒸気機関や電気や通信が発明され、そのうちに原子力の利用やらコンピュータの開発という時代が訪れ、自然に多大な負担をかけざるをえなくなりました。恐ろしい鬼たちでありながら、どことなく憐《あわ》れなのは、人間による大自然の利用も度を過ぎれば悲劇になることへの予感です。

けれども人には大自然を利用する力があると同時に、そのことを自然に感謝し、できうる範囲でもらったものを再び自然に帰そうという心も働きます。

祭りにおいては五穀豊穣に感謝し、供え物を供え、祈りを捧げ、儀礼や藝能を納めてきました。

太郎は鬼たちがたくさん働いてくれたお礼に、腕をふるって芋粥を振舞うのです。それで鬼たちは大喜び。

ですから家の木材を白蟻《しろあり》やゴキブリが食べ、天井裏をネズミが棲み家にしたとしても、あまり神経質にはならないほうがよいのかもしれません。もともと奪ったのは私たちのほうなのですから。

私は今、バリ島でこの項を書いていますが、坐っている椅子の足のうちの一本は白蟻セクセク族のお屋敷ですし、台所はゴキブリの遊戯場、広い広い天井裏ではネズミの五輪の真っ最中です。

そして床にはいれば壁の向こうで大ヤモリの坊さんがトッケイトッケイとありがたいマントラを唱えて、安らかな眠りを守ってくれています。

旅する東南アジアには、まだそこここに豊かな自然の風景と長閑《のどか》な生活が残っています。いつの時代でも、人の知恵の傲慢になりすぎないことを祈るばかりです。

V・菫《すみれ》と少女

昔むかし、小さな島の小さな山の道端に菫の花が咲いていました。

小さなむらさき色の美しい花でした。

朝には、山の尖《とが》った頂きがキラキラダイヤモンドに光り、それから周りをバラ色に染めて太陽が昇るのを見ました。

夕べは、サファイア色の海原を藍やぶどうに変えながら、同じ太陽が大きくゆっくりと沈んでゆくのを見ました。

風の日は風に吹かれました。

雨の日は雨に打たれました。

目の前の道を毎日羊の群れがゆきました。

朝日が出ると山を登ってゆきました。

夕日が暮れるその前に坂を下ってゆきました。

風の日は風に吹かれて登りました。

雨の日は雨に打たれて下りました。

羊の群れはひとりの少女が導いているのでした。

ひどく貧しい少女でした。

日射しがたいへん強いので、麦わら帽子を妙ちきりんに二重にかぶっておりました。身なりもよほど粗末でした。

けれども菫はもうずっと以前から、この少女に恋をしていたのです。

そして少女の頭の上の麦わらのどちらにでもよいから、自分を手折ってさしてほしいと思いました。

少女のためなら生命を捧げても惜しくないと思ったのです。

しかし少女は、道端の小さな花には少しも気づかないようでした。

というのもみなさん、道端には幾千幾万の花が咲き乱れていて、菫だけでも幾百幾千もあるのですよ。

それでも菫は毎日毎日祈りました。

今日こそは少女が自分に気がついて、近づいてきてくれ、そして自分の美しさに微笑《ほほえ》んでくれることを…

〈うた〉

小さな菫が揺れている

山の道端に揺れている
　遂げぬ想いよ

さあ、私たちの小さな花はどうなったでしょう。

少女は果たして、菫を手折ったでしょうか。

いいえ、少女はそれからも、毎日同じ道を同じように羊を連れてゆきました。けれども菫に近づくことはありませんでした。

そしてある日の夕暮れどき、菫は小さな花の生命を終えることになりました。想いを遂げずに眠りました。そして二度と目を覚ますことはありませんでした。

翌朝少女がいつもと同じ道をゆきました。そして道端にふと目をやってつぶやきました。

「私の大好きな菫が枯れてしまった。毎朝見るのを楽しみにしていたのに」

そしてまた山道を登ってゆきました。

〈うた〉
小さな菫が揺れている
少女の心に揺れている
限りない愛

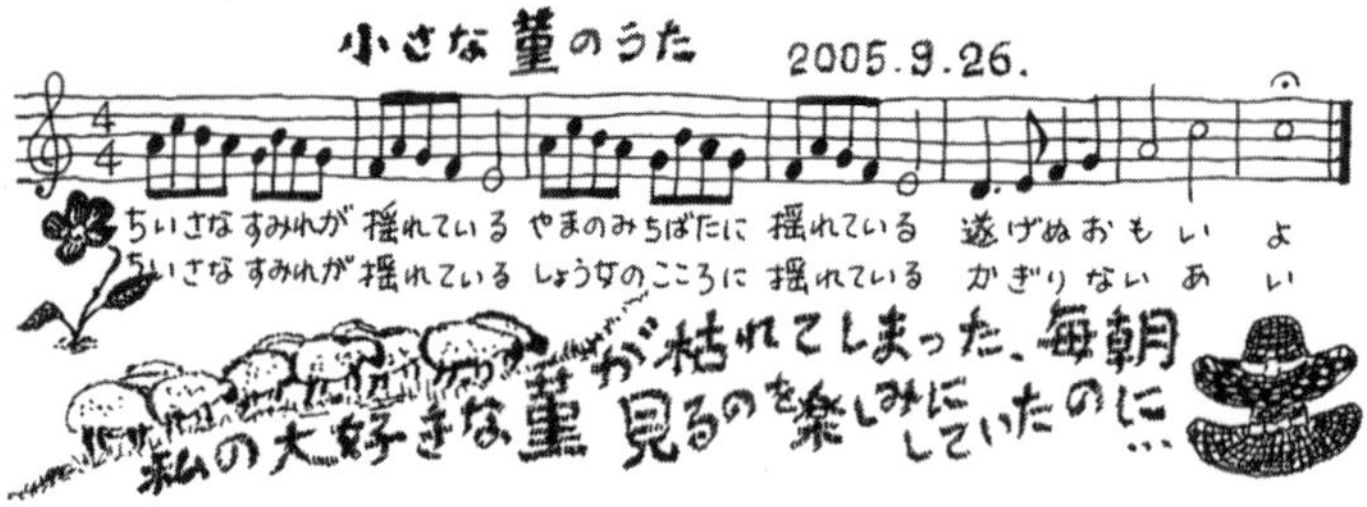
小さな菫のうた
2005.9.26.
ちいさなすみれが 揺れている やまのみちばたに 揺れている 遂げぬおもい よ
ちいさなすみれが 揺れている しょう女のこころに 揺れている かぎりない あい
菫が枯れてしまった、毎朝
私の大好きな菫 見るのを楽しみにしていたのに…

ゲーテの詩『すみれ』に触発されて
「カムパネルラの会」の子どもたちのために
二〇〇五年九月二十六日

儚《はかな》さ、切なさ、そして貴さ

鮫《さめ》・虎・狼のように君臨し、荒ぶり、猛威を振るう大自然。
白蟻《しろあり》・ゴキブリ・ヤモリのように、生命力あふれ、充満し、けっして滅びることのない自然。
そして自然はときに、『菫と少女』の主人公の菫のように、目にとまらず、慎ましやかで、可憐な姿にもなるのです。

儚《はかな》く、
切なく、そして
貴い

私たちは、野心家で権力志向で、名声を追い求める我利我利亡者《がりがりもうじゃ》である一方、胸のうちのどこかでは「菫」のようであることを理想にもしているのです。ところが「菫のような人」なんて、この世知辛い世の中に滅多にいるものではない。

けれども私は、ドイツの治療教育施設で「心の保護を求める子ら」と初めて寝食を共にしたとき、そのような存在が現代社会に未《いま》だ生きていることを知ったのです。（拙著『隠された子どもの叡知』参照）

一本の人参《にんじん》を育てるために全身全霊をかける少女、音楽をこよなく愛し、拙《つたな》くとも自らのヴァイオリンの演奏が生きる勇気と誇りである子、事あるごとに、私の服装を誉め、私の黒髪の黒さに驚き、私の靴の泥を気遣い、私の疲労に心を痛める少年たち。

富や名声への欲求もなく、人を羨《うらや》むこともなく、貶《おとし》め蔑《さげす》むこともない、彼ら彼女たちとの生活は、夢のようでありながらまちがいなくそこに在り、それはひとつの理想の実現といえるものでした。純粋無垢な心だけが持つ優しさを、私は日々肌で感じ、私はその心に驚き、そしていつしか驚きは貴いものへの畏《おそ》れにまでなりました。そしてその畏れ敬《うやま》いは、変わることがありません。

この物語は、いつなんどきにも世間という巨人の足に踏みつぶされぬとも限らない、「菫」という名の少年少女たちの貴い心へ贈る詩《うた》でもあるのです。

Ⅵ・龍神さまの置き土産

昔、南の小さな島に貧しい村がありました。作物は採れず日照り続きで飲み水も足りませんでした。村人たちはソテツ[*1]の実や茎を晒《さら》して、飢えをしのぎました。

島のかなたの沖合に、一匹の龍が棲《す》んでいました。以前はたいへんな勢いで嵐を起こし雨を降らせていましたが、最近はまったく元気がありませんでした。赤々と光っていた目は濁り、緑にきらめくうろこは渇いてはがれかけておりました。

ある晩のこと、浜辺のあばら屋に住んでいる、村の中でも特に貧しい太良《たらー》のところに不思議な女が訪ねてきました。女の顔は真っ青で、お腹を押さえてうんうんうんうん唸《うな》っていました。

「おめーは誰だ」

「わしは沖に棲む龍神だが、おまえを驚かせぬように女の姿でやってきた」

太良は龍神と聞いたので、どちらにしても驚きました。

「龍神さまがおれのような者に何の用だ」

「実は助けてもらいたくて相談に来た」

「貧しい海人《うみんちゅ》に神さまなど助けられるものか」

「いや助けられる」

「何を助けるのじゃ」

「わしの腹痛《はらいた》じゃ」

「医者でもあるまいし、腹痛など治せるものか」

「治せとは言っておらん」

「ならばどうしろというのだ」

「わしは百年の便秘じゃ」

太良はたまげました。女は苦しみながら話しつづけました。

「おまえたち人間どもが毎朝厠《かわや》へゆくように、わしは百年に一度糞《ふん》をする」

「そんならすぐにしたらよい」

「龍の糞《くそ》は陸でするのだ。ところが今はどこの島にも人がたくさん住みついて、ゆっくり糞もできなくなった。そこであちこちの島を周《まわ》って頼んだが、みなことごとく断られた。なにせわしの糞は小さな島なら被《おお》いつくすほどだからな」

「それでわしらの島に来たのか」

「そうだ」

「わかった。それならみなと相談しよう」

太良は村人たちを起こして話しました。けれどもみな大反対です。

「そんなものが押し寄せて来た日には、たまったものではない」

太良は言いました。

「みなの気持ちはよくわかる。しかし龍も苦しいのだ。それに相手は神さまだ。今まで雨も降らせてくれたし、魚も漁《と》らせてくれたのだ。ここはひとつ頼みを聞いてやるわけにはゆかないか」

村人たちは考え込んでしまいました。すると村一番の長老が口を開きました。

「それなら願いを聞いてやろう。ただしその間、どこで身を守ればよいか教えてもらおう。誰だって糞《くそ》の下敷きになるのは嫌だからな」

みなも頷《うなず》きました。太良はあばら屋に戻って女にわけを話しました。

「そうかそれはありがたい。それではわしが用を足している間、みな舟に乗り南の沖へと漕《こ》ぎ出しておけ。波がずいぶん高くなるから用心するようにな。ただしおまえはこの浜に残っていなければならぬぞ」

たくさんのサバニ[*2]に乗り込んで村中の人々が沖へ出ました。

すると間もなくゴロゴロと雷が鳴り稲光《いなびかり》がピカピカきらめき、大粒の雨がザーザー降ってきました。波がうねり、みな舟にしがみつきます。

遠く沖合から見ても、島は揺れているようでした。そして雷が落ちるようなとてつもない音が何度かしました。すると大海原中に硫黄《いおう》のようなすごい匂いが漂いました。

〈唱《とな》えことば〉
ゴロゴロゴロゴロ龍の糞《くそ》
天にも届く峰々の
列に次々重なって
巨人のごとく聳《そび》え立つ
ゴロゴロゴロゴロ龍の糞《くそ》

やがて雨が止み、波が静まりました。夜明け間近の薄明かりの中、村人たちのサバニは再び島へ帰りました。

先ほどまでの大騒ぎが嘘《うそ》のように、島は元通りの静けさに戻っていました。沖まで漂ってきた強い匂いも、不思議なことにすっかりなくなっておりました。

けれども浜にサバニをあげた村人たちは、目の前の光景に心底びっくりしたのです。浜辺のヤラボ[*3]の木立ちの向こうに、黒々とした岩山がもこもこと折り重なっていたからです。龍のした糞《ふん》に違いありません。

岩山はところどころ光っていて、掘り出してみると美しい玉や石がたくさん出てきました。またその土は畑の大切な肥やしになり、岩を削って粉にすると、どんな病もたちまち治る薬になりました。

このようにして村人たちはそれから、何ひとつ不自由なく幸せに暮らしました。

ただ太良だけは、その後どうなったのかわかりません。

岩山に埋まってしまったのだと言う人や、

龍の糞を全身に浴びて不死身になり、別の島へ渡ったのだと言う人や、

龍といっしょに龍宮へ行ったのだと言う人がいて、

そのうちいずれが真実なのか、わかりません。

二〇〇三年

参考民話『竜の眼病《めや》み』(『沖縄の民話資料　第二集』沖縄民話の会)

＊1　蘇鉄。ソテツ科の常緑低木。中国四川省、沖縄諸島、九州南部に植生。沖縄には一四四一年尚忠王の時代に、ジャワから胡椒とともに伝来したとされ、一八三二年尚育王の治世には凶作に備えるため各地に栽培されたという。凶作時・戦時等に代用食にされるものを「救荒植物」というが、第二次大戦下でもソテツが沖縄の食糧難を救ったのは事実である。ただしこの植物には「サイカシン(体内でホルムアルデヒドになる)」という有害成分があり、よく晒さないと中毒が発生する。飢餓のため、急いで食し亡くなった方も多いと聞く。

＊2　元はくり舟のことで、琉球松の丸太をくりぬいて丸木舟にしたものもあったようだが、多くは船板を合わせたもの。この小さな舟で沖縄の人々は各島を行き来し、交流・交易した。

＊3　テリハボクが正式名称。オトギリソウ科の常緑高木。広く沖縄諸島に植生し、海浜の砂地に適するため、防風林にされる。

逆転の発想

排泄物である糞を、どれだけ貴く美しく描けるだろうか。―そんな思いでこの再話的創作は為《な》されました。

題材は沖縄に伝わる『竜の眼病み』という昔話から採《と》りました。「眼の病」を「便秘」にしました。

糞は汚いものだと言いながら、出なければたいへんに困るものです。ですから出ればありがたい、―ありがたいなら貴いだろう、―というふうに連想してゆきました。

「逆転の発想」は「価値の転換」とも言い換えられます。今までそうだと思い込んでいたことが、ひっくり返ること。

私はそのことをとても大切だと思っていて、よく話題に取り上げます。子どもたちにもこんなふうに話します。

「…例えば友だちと口げんかすることがあるでしょう。普通は言い負かしたほうが勝ちで、言いくるめられ、泣かされてしまったほうが負けでしょう。ところが天の神さまは、泣いて勝ちを譲った子を大切に思ってくださいます。

にわとりでものら犬でも動物たちを見てごらんなさい。

必ず餌《えさ》を独り占めしている親分がいるでしょう。それから順に第一の子分からだんだんにえらくなくなって、中にはいじめられっぱなしの犬もいる。親分の餌のおこぼれすらもらえない。それなのになぜか飢え死にしないで生きている。あれも親分が見ていないすきに、神さまがいちばん弱虫のにわとりや犬に、サッと天の食べ物をくださっているのです。

だから、今度お友だちとおもちゃの取り合いになったときは、無理して意地を張らないで、あげてしまいなさい。そうしたら天のおもちゃがもらえます。そのほうが、どれだけ楽しいかしれないのですからね…」

このお話も普通とはさかさまなことばかり。

まず恐ろしいはずの龍神が苦況を訴えにやってくる。それも便秘。

頼む先が村でもいちばん貧しい太良《たらー》、人の苦情や相談事など受けたこともない。そして村人たちも、なんとなく親切で龍神の願いを聞いてやる。そしてその究極が龍の糞、汚いどころか三つの神通力を持っていた。

一、美しい宝石が埋蔵されている
二、畑の大切な肥やしになる
三、万病を治す薬になる（伝承話でも、竜のお礼が竜丹と竜糞という薬です）

さて、太良の行方ですが、私にもどうなったのかわかりません。それはまたいつか、どこかの子どもたちが教えてくれることでしょう。

Ⅶ・イルカとライオン

昔むかし、深い深い洞窟に、一頭の大きなライオンが棲《す》んでいました。闇の中でライオンは、二つの目を赤々と光らせていました。真夜中にライオンが吼《ほ》えると、声は洞窟の壁に木霊《こだま》し、それから夜空に響きわたって、山を越え谷を越えて遠くの村まで届きました。

村の子どもたちは夜中に目を覚まして尋ねました。

「お母さん、お母さん、遠くでかみなりが鳴っているよ」

すると母親は答えました。

「いいえ、あれは洞窟のライオンが、淋しさに吼えているのですよ」

子どもたちは心に畏《おそ》れの気持ちをいっぱいにして、また眠るのでした。

ライオンの洞窟から何里も離れて海岸線が延びていました。その向こうの青い青い大海原にはイルカが住んでいました。イルカは、朝から晩まで波と戯《たわむ》れ、それが楽しくて楽しくてたまりませんでした。波はイルカの友であり恋人でした。そしてイルカはときどき人を助けました。珊瑚礁の上に乗り上げてしまった船を押してもとに戻してやり、また行く先のわからなくなってしまった船を導いて近くの島まで連れていってやりました。船乗りたちは舳先《へさき》から身を乗り出して喜び、イルカに声をかけました。

「ありがとう、助けてくれてどうもありがとう」

するとイルカも
「クックククククッ、ケッケケケケケッ」

と笑って応えるのでした。

子どもたちはライオンを畏れ、人々はイルカを愛しました。

さてある晩のこと。

孤独なライオンは、生まれて初めて洞窟から外に出て、海へ向かいました。何里も歩きつづけて海岸に着きました。ライオンは、波が打ち寄せしぶきを上げる岸壁に立ち、夜空を見上げました。そしてひと声あげると岸壁から身を躍らせ、天へ昇ってゆきました。ライオンの目は赤々と燃える二つの星になりました。その光は海に注ぎ波に洗われています。

すると今度は、波間に揺れる星々と月明かりの中、イルカがたくさんの仲間たちを呼んできました。満天の星の数ほどたくさんのイルカが、身を躍らせて進んでゆきます。

その美しい踊りを見て、夜空のライオンは歓びの声をあげました。その声は海を越え山を越え谷を越えて遠くの村まで届きました。

村の子どもたちは夜中に目を覚まして尋ねました。

「お母さん、お母さん、遠くでかみなりが鳴っているよ」

すると母親は答えるのでした。

「いいえ、あれは夜空のライオンが、歓びに吼えているのですよ」

ライオンの吼え声は大海原の果てまで響き、イルカは夜通し月明かりとともに踊りました。

二〇〇二年

母子の会話は萩原朔太郎《さくたろう》の詩『遺伝』に学んだ。

対照動物

スイスの医師で画家のハンス・イェニー（一九〇四～一九七二年）は、大自然の中に生き生きと暮らす動物たちの絵に秀でた人です。実際に彼の作品を見ると、動物たちに対する深い慈しみだけでなく、動物の心とひとつになって自然の中に溶け込んでいる様子が感じられます。イェニーはまた、とても賢い科学者で、優れた思想家でもありました。さまざまな動物たちの骨の構造、行動や性質を観察して、あるひとつの動物（例えば狐）には必ずその対照となる動物（例えば狐に対するつぐみ）がいて、それらの動物を順に並べてゆくならば、宇宙を取り巻く大きな円環になる、というびっくり仰天《ぎょうてん》するような考えに到ったのです。

西洋占星術の黄道《こうどう》十二宮も、東洋の干支《えと》も、大宇宙と人間（小宇宙）の内面が響き合っているという思想です。物語に登場する動物たちも、人の心の性質を表しているのです。子どもたちは動物譚《たん》を通じて「自らを知る」自己認識を行なっているのです。大宇宙の大円環はですから、心のすべて、小宇宙である子どもたちの内面のすべてです。子どもたちはお話をひとつずつ聞くことで、一歩また一歩と認識の道を歩み「自分」を見つけてゆくのです。

このお話『イルカとライオン』も、イェニーの思想に学んで創られたものです。イルカは波と戯れて一体になり、その歓びを身体《からだ》いっぱい表している。比ぶるにライオンは洞窟の中にこもり、ひとりぼっちの淋しさを雷のような吼え声に託すのです。

古いギリシアの昔から、イルカはいつも人に愛され、また人に親しむ動物として詩に詠《よ》まれ、物語に語られ、絵画に描かれてきました。

それは動物と人間を仲良くさせ、両者の世界をつなげる大切な役割です。この役割はさらに発展し、大自然の四つの領域、鉱物、植物、動物、人間の間にかかる「架け橋」にまでなってゆきます。

またライオンは、現実にはアフリカの草原地方《サヴァンナ》にいるのですが、旧約聖書の『ダニエル書』を繙《ひもと》くと、洞窟に棲んでいるのです。これはライオンの暮らしぶりを間違って伝えたわけではありません。これはライオンという動物の心のあり方、ライオンの心を持った人のあり方を表しているのです。そしてそれはメソポタミアに始まった占星術の獅子宮の性格でもあるのです。

星占い好きの方、獅子座の人を見てください。洞窟に閉じこもって、ときおりものすごく吼えるでしょう。その感情は深く、その理想は高いのです。

ライオンは星になります。そして大地に熱と光を注ぎます。大地に生きる人々は、その星その熱と光がライオンのものだとは、たぶん気がつかないでしょう。けれども地上に生きる人々がその星を美しいと感じ、その熱と光を嬉しく思えば、それはライオンの歓びです。

Ⅷ・孤独の狼

寒い…寒い…冬の夜
深い…深い…森の中
狼が一頭歩いている
物音ひとつしない
聞こえてくるのは自らの吐く息と雪の上をゆく微《かす》かな足音だけ…
………
狼はもうしばらく獲物を獲《と》っていなかった
鳥たちは南へ渡り、けものは穴にこもってしまった
けれども狼にとって、寒さや空腹などは何でもなかった
ただひとりでいることの淋しさが、吹く風や積もる雪に耐えがたかったのである
………
その晩も狼は森の中を歩いていた
森の深く、奥深くへと…

ふと狼は、闇の中に何かの灯《あか》りを見たような気がした
狼は誘われるように進んでいった
するとそれは、人の住む小屋であった
灯りは小屋の窓から洩《も》れていたのである
こんな森の奥深くに人が住んでいるとは…
狼は小屋のすぐそばまで近づいた
すると扉がきしみ、ゆっくりと開いた
狼は身構えた
幾年か前の冬、あまりのひもじさに里へ下りたときのことを思い出したからである
あのとき同じく家の戸が開いて、銃を持った男が飛び出してきたのだ
今度も姿を現したのは、ひとりの男の姿だった
ただしその手に銃はなかった
狼は一瞬のうちに何度も、その男に飛びかかるか、あるいは身を翻して走り去るかを考えた
そして男の目を見たのである
男もこちらを見ていた
両者はじっと見つめ合った

狼の心の中から、恐れや憎しみの気持ちが消えていった
というのも、その男の目の中に、恐れも憎しみもなかったからである
両者は見つめ合っていた
いつの間にか空には月が昇っていた
すると突然狼の心はなつかしみとあくがれでいっぱいになり、青白く光る月に向かって
ウワォー…ウワォー…
その声は森中に木霊《こだま》した
すると男も口を開いた
「そうか、おまえは月へ還りたいのだね
それでは月でまた会おう」
そう言うと男は小屋の中にはいった
………
狼が帰ってゆく
もと来た道を帰ってゆく
寒い…寒い…冬の夜
深い…深い…森の中

物音ひとつしない
聞こえてくるのは自らの吐く息と雪の上をゆく微かな足音だけ…
先ほどと何も変わらない
同じ冬、同じ森、同じ寒さ、同じひもじさ
いやひとつだけ変わったことがある

狼はもう少しも淋しくなかった
狼の心には友に出遭った歓びがあった

そして春はもう、すぐそこまで来ている

心の保護を求める子どもらのために
二〇〇五年十二月十九日　初稿
二〇〇九年五月二十四日　第二稿

出遭い

同じ職場に二十年間勤めても、遂に心を通わせることなく、いつしか忘れてしまう人もいます。ところが道で一瞬すれ違っただけで、あとにも先にもそれだけの出遭いなのに、心の底までズシリと来る「めぐりあい」もあるのです。

この物語はドビュッシーの名曲『雪の上の足跡』から生まれたものです。

スイスに暮らしていたころ、一度この曲の演奏を間近に聞いたことがあり、この作曲家の「感覚を音にする力」に打ち震わされたものでした。

それから数年して改めてこの曲を沖縄の家（「青い丘」治療教育研究所うーじぬふぁー）で聞く機会があり、そのとき突然口をついて出てきたのがこの物語『孤独の狼』です。

森の家の「男」はいったい誰なのでしょう。

あるときある舞台で、私はこの物語を語りながら、うーじぬふぁーに通ってきてくれている男の子たちを思っていました。

そしてその少年たちの姿と男の姿が交錯しました。私はわからなくなりました。

「今まで自分は、この子たちが狼で、自分が森の男と思い込んではいなかったろうか。少なくともそうありたいと望んではいなかったか。ところがそれはまるで逆で、自分が狼だったのだ。自分が彼らを求めていたのだ…」

私は初めて沖縄の地を踏んだとき、これは大変なところに来てしまったと思いました。私にとってそこは、青い海と珊瑚礁の沖縄ではなく、生きる力豊かな母たちと自閉症の少年たちの沖縄でした。

彼らが必要としてくれたので、沖縄へ向かったのだと思いました。彼らを支え助けることこそ、自分の役目だと思っていました。

けれどもそうではありませんでした。私には沖縄で学ぶこと、彼らのもとで学ぶことが必要でした。私が彼らを助けたのでなく彼らが私を助けたのです。

「出遭い」とは突然訪れたもののように見えますが、後《のち》になって振り返れば、そのときいくつもの「運命の星」が絶妙に配置されて、あたかも約束されたごとくに物事が転がり進んでいったことがわかります。

この物語も必然です。ドビュッシーの名曲に触発されたものでありながら、自閉症の少年たちが、沖縄に呼び寄せられた私にくれた小さくもかけがえのない贈り物です。

Ⅸ．村の友だち

〈うた〉

村の子どもら　畦道《あぜみち》駆ける　藁《わら》でつくった塔に飛び込む　畦道駆ける
藪《やぶ》の向こうの　林の中に　誰も知らない隠れ家がある　林の中に
眼《まなこ》には輝く光　心の奥の火を燃やせ
額の汗は　恵みの滴《しずく》　悔し涙も草葉の露も　恵みの滴

「おまえ名まえは何だ」

「僕、北川」

「そうじゃなくて名まえだよ」

「名まえ、ああ、タカシ、北川隆」

「そうか、タカシか、じゃあタカシ遊ぼう」

村の子どもらは、街から来た隆を連れて田んぼへゆきました。

畦道を走り回って追いかけっこをするのです。

秋のやわらかい日射しが心地よく降り注いでいます。

畦のそこここに重ねられた藁束《わらたば》の塔が、黄金色《こがねいろ》に輝きます。

子どもらは次々とその塔に頭から飛び込んでゆきます。

隆がためらっていると、元気のいい恭平が、

「大丈夫だよタカシ、痛くないよ」

「本当」

「ほんとだよ、ソレッ」

二人でいっしょに飛び込みます。

「ホラ、全然痛くないだろ」

「あったかいね」

「このままここに隠れていようか」

こうして隆は毎日村の子どもらと遊び呆けました。

ところが、街へ帰る前の日の夕方、ちょっとしたいざこざが起きました。

恭平が独楽《こま》を回す順番をまちがえたのです。

隆は怒りました。

「だめじゃないか恭平、僕の番だよ」

「へへへ」

恭平は照れかくしに笑ってあやまりません。

そこで隆はますます腹が立って、

「なんだよヘラヘラして。間違ったらあやまるのは当たり前だろ。だから村の子どもはやだよ！」

言ってから隆は「しまった」と思いました。恭平も言い返します。

「タカシ、おまえ、村のことバカにしたなぁ」

「フン、バカになんかしてないさ、自分がバカな奴はバカにされてると思うんだよ」

「言ったなぁ」

「ああ言ったよ、だからどうした、どうしたよ」

言葉と心が裏腹です。恭平は口ごもります。

「そらどうしたどうした、言い返せないのかよ、恭平」

恭平は目に涙を浮かべています。

「そうら今度は涙か。そんなことでごまかすのかい」

どんどんどんどん追い詰めます。

恭平は泣きながら行ってしまいました。他の子どもたちもみな目を伏せて立っています。

夕日が沈んでゆきます。

「俺帰る」

「俺も…」

みなとぼとぼと歩き出しました。隆はなんだか興奮してしまい…ただ自分が取り返しのつかないことをしてしまったことだけは、はっきりとわかりました。

〈うた〉
夕焼赤く　もう日が暮れる　家路につこう　早く帰ろう　もう日が暮れる

その晩、街へ帰る支度をしながら、隆の心は真っ暗でした。

「ああせっかく友だちになれたのになぁ、あんなに楽しかったのに、僕はなんということをしたのだろう。僕はなんてひどい奴なのだろう」

窓の外には、地平線から月が昇るところでした。もうすぐ満月のようです。

「ああ僕の心は暗いけれど、月はあんなに明るいんだな」

見とれていると、誰かが窓ガラスをそっとたたく音がしました。隆は窓辺へ走りよりました。するとと恭平が立っています。

「恭平くん！」

「…こ、これ、お土産、…お、俺がつくった」

「あっありがとう」

竹とんぼでした。隆がびっくりして無言のまま受け取ると、恭平は踵《きびす》を返して走り出しました。夜道に草履《ぞうり》の音が響きます。隆はありったけの勇気を振り絞って叫びました。

「恭平ー！　さっきはごめんねー」

恭平は振り向いて、

「おう、また遊びに来いよなー！」

そう言うと、また月の光の中を走ってゆきました。そしていつしか草履の音とともに暗闇に紛れました。

〈うた〉
夕焼赤く　友の思い出　かかえてゆこう　いつもどこへも　友の思い出
夜空にはまん丸い月　心の隅の闇照らす
道に見つけた　宝のように　けっして忘れることのできない　宝のように

二〇〇七年七月七日　初稿
二〇一〇年三月二十二日　第二稿

村の子どもら
2010.3.22.
Fine
1. むらの子ども　ら　あぜみち駆け　る　わらでつくった　とうに飛び込む　あぜみち駆け　る
やぶの向こう　の　はやしのなか　に　だれも知らない　かくれ家がある　はやしのなか　に
ひたいのあせ　は　めぐみのしず　く　くやしなみだも　くさ葉のつゆも　めぐみのしず　く
2. ゆう焼けあか　く　もう日が暮れ　る　いえ路につこう　はやくかえろう　もう日が暮れ　る
ゆう焼けあか　く　とものおもい　出　かかえてゆこう　いつもどこへも　とものおもい　出
みちに見つけ　た　たからのよう　に　けしてわすれる　ことのできない　たからのよう　に
D.C.
1. まなこには　かがやく　ひかり　こころの　おくの　火を燃や　せ
2. 夜ぞらには　まんまる　いつき　こころの　すみの　やみ照ら　す

勇気

この物語は、私が少年時代に実際に体験したことが基になっています。私は東京の大田区に住んでいましたが、隣の世田谷区に行けばまだ田んぼの蛙《かえる》の合唱が騒がしいほどでしたし、東京都を出ればいよいよのどかな田園風景の広がるところばかりでした。あるとき従兄弟《いとこ》の家族の引越し先へ遊びにいったところ、村の子どもたちに名まえを訊《き》かれ、

「川手」

と答えたら

「そうじゃないよ、名まえだよ」

と言われたので言うと、すぐに

「たかひこ」

と呼ばれました。それが私には新鮮で、敬称略か、いいなあ!「川手くん多摩川遊園地のガラスの部屋行こうよ」なんて、何てつまらない人生だったんだろう。「たかひこ、来いよ」そこで畦道を走り回り、藁の束に頭から突っ込んで、汗かいてさ、なんて素晴らしいんだ、自然ていいなあ、村っていいなあと思ったのです。

私は砂場の砂に手を触れるのも嫌なほど、過剰に潔癖な子でしたが、不思議に田舎の土や石ころは、少しも汚く感じないのでした。

そして本当にお話の通りの事件が起こったのです。

遊戯の天才少年たちは、言葉を操ることは苦手で、それこそ私の得意でした。

村の少年を泣かせたとき、私は一瞬勝ち誇りましたが、そのあとは苦い汁のようなものが口の中から心の隅まで染みわたり、都会の子との口げんかとはまったく違う後味で、こんなにも村の子どもたちの心って透き通って穢《けが》れのないものかと、申し訳なくもあり、自分の世間ずれ大人ずれが恥ずかしくなりました。

そしてその村の子どもたちとはそれっきりです。物語に恭平と名付けた子とも再会も何もありません。しかし前項でもお話した通り、たった一度の出遭いでも、それは私の心に深く刻まれ、半世紀の時を経て、こうして甦《よみがえ》ったのです。

世田谷に住む若い世代の方々は、自分の家の周りがついこのあいだまで蛙の大合唱だったなんて想像できないのではないですか?

世の中はあっという間に変わります。昨日まで特別だったことでも今日は当たり前になっているし、今日新鮮な喜びや哀しみも明日になれば色褪《あ》せてしまいます。

そんな時代の急流の中にあっても変わらぬものは…?

昔話を子どもらに語りはじめたのが十七歳のときですから、それから三十五年以上、小さい子から高校生・大学生まで見ています。

今の二歳・三歳の子どもたちは、三十年前のその年の子どもたちとほとんど変わることがありません。それが年齢の上がるに連れて、以前との違いが著しくなるのです。一方高校生・大学生は、当時と考え方も志向も趣味の対象もまるで違います。小さい子は三十年前と同じわらべうたを楽しめますが、今の大学生に「でかんしょ節」[*1]を歌おうと言ったところで、まったく伝わらないでしょう。

つまり小さな子どもたちの純粋無垢な魂は、どんなに急な流れにも流されることなく貫く美しくあるのです。

この物語でも隆と恭平は、友情を取り戻すことができました。

それは彼らの「勇気」でしょう。でももっと小さな子だったら、喧嘩《けんか》したすぐあとにゴメンネ、ゴメンネ、と謝って終わっていたかもしれない。

そのとき小さな子も「勇気」を使っているのです。振り絞るような「勇気」ではないかもしれない。もっと自然なもっと純粋な「意志」、生きる「意志」に近いのかもしれない。その「意志」をその「勇気」を大切にしたいものです。

朝起きて家族同士挨拶《あいさつ》を交わす。そのときにだって「勇気」を使っているのです。

おはようございます
ありがとう
ごめんなさい
それらの言葉が表現されるそのたびに、「意志」が生き、「勇気」が働いているのです。
もし心と言葉の裏腹になりそうなときがあったなら
久しぶりに会う母親に、ありがとうって言いたいのに、言えないなら
久しぶりに会う父親に、ごめんなさいって言いたいのに、言えないなら
久しぶりに会う我が子に、優しい言葉をなかなかかけてあげられないなら
そして子育て真っ最中のお母さん、今日もまたあなたの大切な子宝を乱暴に扱ってしまったのなら
………
隆と恭平の話を思い出してください。壊れても修復は可能です。どんなに固く捩《よじ》れてしまった結び目も、緩めることができるはずです。

＊1　でかんしょ節
でかんしょでかんしょで半年暮らし　ヨイヨイ
あとの半としゃあ寝て暮らす　ヨーイヨーイでっかんしょ

「でかんしょ」はデカルト、カント、ショーペンハウアーの略で、大学生活は半分が学び、半分が遊びである…というほどの意味。明治末期の流行歌だが、昭和までは歌われていた。宮澤賢治の詩の中にも引用されている。

X．うたびとと女王

城の門の前でうたびとが呼ばわりました。

門が開かれ、白髪の老人が現れました。

「ようこそいらっしゃいました」

「あなたがこちらの王ですか」

うたびとは尋ねました。

「いいえ、この城の主《あるじ》は女王です」

「どちらにいらっしゃるのですか」

「お連れいたしましょう」

老人に導かれ、うたびとは城にはいりました。いくつもの太い柱の間《あいだ》を通り抜け、長く暗い廊下を進み、階段をどこまでも昇りました。

そこは城の塔のようで、小さな扉がありました。

「こちらが女王の間です」

そう言うと、老人は去ってゆきました。

うたびとは、扉の前に立ちました。

「この向こうに女王がいる」

うたびとの胸に、ミンネ—愛を捧げる気持ち—が高まりました。

「類《たぐい》なき美の前にこの身を捨て、私は今、世界の知恵を聞くことができる」

うたびとは待ちました。

〈うた〉
山の上に　聳《そび》え立つよ
城の窓に　積もる雪よ
ランラン　ランラン　ランランラン
ランラン　ランラン　ランランラン
うたびとはひとり　馬に鞭《むち》あてる
まだ見ぬ人へと　想いつのらせる
ランラン　ランランラン　ランランラン
………
………

うたびとは待ちました。
扉は開きませんでした。
うたびとは待ちつづけました。いつまでも待ちつづけました。
夕闇が訪れ、夜空に星が瞬きました。
うたびとは待ちました。
東の空が白み、黄金の太陽が山の向こうから昇りました。
けれども扉は開きませんでした。
うたびとは待ちつづけました。
幾日も幾日も、幾月も幾年《いくとせ》も…

〈うた〉
部屋の前に　居つづけるよ
城の窓に　昇る月よ
ランララン……
………
うたびとはひとり　時を数えてる

そして忘れ出す　老いることすらも
ランラン……
………
………

あるとき、別のうたびとが、この城を訪れました。

やはり門が開かれ、白髪の老人が現れました。

「ようこそいらっしゃいました」

「あなたがこちらの王ですか」

「いいえ、この城の主は女王です。お連れいたしましょう」

「お会いできるのですね」

「それはどうかわかりません」

「どうしておわかりにならないのですか」

「私にはわからないのです。実は私もずっとあの扉の前で、待ちつづけてきたのですからな…」

年老いた…うたびと…が答えました。

〈うた〉

生きることは　探すことと
教えられて　歩んできた
けれど遂に　望む幸《さち》は
顕《あらわ》れずに　旅は終わる
ランララン…

………

この血とこの汗　流れては乾く
陽は昇り沈み　夜はまた更ける
ランララン…

………

………

人は信じていた　神を信じていた
月と星々とに　祈り捧げていた
朝と夕暮れとに　祈り捧げていた
けれど闇と影が　忍び寄る日が来た

静かに燃ゆる火が　風に揺らぎだした[*1]
疑うさざ波が　水面《みなも》かき乱した
ランララン…
………
………
ランララン　ランランラ　ランララン！

二〇〇四年十二月十四日

＊1　この行は、二〇〇四年～二〇〇五年に行なわれた東濃《とうのう》演劇プロジェクト「オイディプス王」で演出助手を務めた長谷川遊《あそぶ》くん（当時小五）が、台本のために書いてくれた詩の一節「神代の昔、強大な赤銅色《あかがねいろ》の烈火が／静かに燃える何千もの炎をひとつに束ねていた／だが小さな炎がひそやかに揺らぎはじめた」に触発された。

うたびとと女王
2004.12.14.
1. やまの うえに そびえ 立つよ しろの まどに 積もる ゆきよ
2. 部屋の まえに 居つづけるよ しろの まどに のぼる つきよ
3. 生きる ことは さがす ことと おしえ られて あゆん できた
けれど ついに のぞむ さちは あらわ れずに たびは 終わる
1.~3. ランラランランラランラランランラランランラランラランランラランランラランラランランラランランラランラランランラ ランラララン
1. うたびとはひとり うまにむちあてる まだ見ぬひとへと おもいつのらせる
2. うたびとはひとり ときをかぞえてる そしてわすれ出す 老いることすらも
3. この血とこのあせ ながれてはかわく 陽はのぼりしずみ よるはまた更ける
1.~3. ランラランラララ ランラランランラランラララ ランラランランラランラララ ランラランランラランラララ ランラララン
3. ひとはしんじていた かみをしんじていた
けれどやみとかげが しのび寄る日が来た
ランララン・・・
つきとほしぼしとに いのりささげていた
あさとゆうぐれとに いのりささげていた
しずかにもゆる火が かぜにゆらぎ出した
うたがうさざなみが みなもかきみだした
・・・
ランラランランラ ランラランラン!

いちばん大切なものは見ることができない

「鶯《うぐいす》の里」として知られる一群の昔話があります。『見るなの箪笥《たんす》』『見るなの倉』『見るなの花座敷』とさまざまあり、またそのいずれにも、地域や語り手や採集者によっていろいろの類話が存在します。これほど多くの似た話が存在する昔話は珍しい。他にあえて掲げるなら龍宮譚《りゅうぐうたん》に羽衣伝説でしょうか。ただしそれらの物語も煎じ詰めれば同じ主題を扱っているのですけれど…

なぜ「鶯の里」と呼ばれるのかというと、鶯が人の娘に姿を変えて出てくるからです。鶯は山の神さま、またはその神さまのお使いで、ある「男」を山の奥にある御殿へ連れてゆくのです。足を怪我した鶯を治してやったお礼に、という恩返しの設定が多いですが、何の前置きもなくいきなり、「ついてきてちょうだい」という話もあります。

山の奥のお屋敷は立派で、そこで男は娘と楽しく暮らしていますが、ある日、出かけるからといって、見てはいけないものを申し渡されるのです。

三段目を見てはいけない箪笥

十番目を見てはいけない倉
十二番目を見てはいけない座敷

けれども男は見てしまう。ああ見なければいいものを。そうすればいつまでも娘と楽しく暮らせるのに…。でも見てしまう！

余談かもしれませんが、この場面でお話を中断し「見るなの…」を見たい子、見たくない子で手を挙げてもらいますと、だいたい半数ずつになるので、世の中うまくバランスとれてるもんだなあと思いますし、ああやっぱりこの子は見たい派、この子は見るな派だったのだと変に納得するのです。

さてそこへ娘が戻ってきて、見たな、見てない、という言い争いがあるにせよ、遂に娘は元の鶯の姿に戻り、パーッとどこかへ飛んでいってしまうのです。そしてお屋敷も何もかもみなたちどころに消えてしまって、男は山の中にたったひとり取り残される…

三段目の引き出し、十番目の倉や十二番目の座敷には、鶯がいて黄金を生み出している。そこは神の真実の生成の場で、人の立ち入りは許されない。『鶴の恩返し』の機織《はたお》りの部屋とも似ているところがあります。

子どもは夜、眠りの中で「原像の国」へ行きます。つまり日常の意識、目覚めた意識では、真の「原像の国」に到ることは許されていないのです。

では、私たちに許される範囲は…というと、それらの原像が心の鏡に映る姿（鏡像）は見ることができるのです。

なんだ、つまんないの、本物は見せてもらえないのか、などと言うことなかれです。というのも、もしも本物を見たならば、みなさんの目は潰《つぶ》れてしまうのですから。太陽を直《じか》に見て目が眩《くら》み、また眼球が火傷《やけど》をするように、太陽の恩恵にあずかってはいても、そのものを見ることは許されない、私たちは果たして真実を目の当たりにすることができないのです。もし人が心の中で思っていることをすべてありのままに見聞きしてしまうならば、私たちはとても耐えられないでしょう。反対にもしも自分の胸の内に隠していることが洗いざらい白日の下に晒《さら》されたならばどうします。私たちは恥ずかしくて人前になど出られないでしょう。

いちばん大切なもの（＝真実）は見ることができない

これは人類普遍です。それが日本の伝統文化というフィルターを通り抜け『鶯の里』という物語群として伝えられてきました。

そしてそれが時を超え民族を超えて新たに形造られたのが『うたびとと女王』です。

ドイツ旅行をすることがあったなら、テューリンゲン州アイゼナハという街の背後の山に聳えるヴァルトブルク城を訪ねてみてください。西暦一二〇七年のこと、この城に優れた吟遊詩人《ミンネゼンガー》たちが集まって、それぞれの藝術と魔術を駆使して生命懸《いのちが》けの歌合戦に臨んだのです。

その中には中世ヨーロッパを代表する長編叙事詩『パルチヴァール』を語り伝えたヴォルフラム・フォン・エッシェンバッハという博覧強記《はくらんきょうき》の吟遊詩人もおりました。「書いた」と言わず「語り伝えた」と言ったのは、彼がその博覧強記、つまり森羅万象に通暁《つうぎょう》していたにもかかわらず、字を書くことも読むこともできなかったからです。けれどもそのおかげで彼は、他の多くの詩人よりも真実に迫ることができました。読み書きに頼らないことで、かえって言葉の真《まこと》、つまり《リズムと響き》に、深く耳を澄ますことができたからです。

この物語に登場する若きうたびとも、真実の一歩手前までは行くのです。しかしその部屋の扉の前で立ち止まってしまう。つまり
「扉は開きませんでした」

と物語では語られていますが、扉が開かなかったというよりは、詩人は遂に扉を開ける決断をしなかったということです。

このお話は小さい子まで食い入るように聞きますが、

「女王は部屋の中で何してるの」

「ごはんは」

「トイレは」

などと心配してくれます。

「この先どうなるの、うたびとはどうなるの、女王はどうなるの」

と、成り行きが気になって気になってしかたのない子どももいます。

そこで私が
「真実は自分で探すものです」

と大真面目に諭《さと》せば
「はい、わかりました」

と言うか
「わけわかんない」

と言うか、これもやはり五分五分です。

XI．玉葱《たまねぎ》の精霊イルミナウ

元清《もときよ》の家にたーくさん玉葱が届きました。

父さんが久しぶりにカレーをつくろうと言いだしたのです。

父さんが料理をすると言いだしたら大変です。カレーだとなおさら！　スパイスはインドネシアから取り寄せ、ココナッツミルクはタイから、大蒜《にんにく》は青森の六戸《ろくのへ》からわざわざ送ってもらうのです。そうしていったんカレーになったら少なくともひと月はカレー。最初の一週間はおいしい。二週間目は何とかがまん、三週間目はもううんざり、で、四週間目ともなれば天井裏から縁の下までクミンとココナッツミルクと大蒜の匂いで充満しているお家《うち》から逃げ出したくなるのです。

「はぁーあ、母さんのさっぱりしたお豆腐のお味噌汁がなつかしいなあ」

と誰しもが思うのです。父さんを除いて…

…………

さてお話は玉葱です。

十キログラム届いた玉葱。母さんは、

「今回のは小粒で手間がかかるわねえ。父さんがカレーつくると言ったって、玉葱の皮むきと飴色炒《あめいろいた》めは、ぜーんぶ私に押しつけるんだから…」

と、愚痴をこぼしながら涙もこぼしました。もちろん涙は悔しいからではありません。玉葱からです。

　元清も皮むきを手伝いました。

「じゃあ、元清、私はちょっと買い物に行ってくるから、残りの玉葱むいといてちょうだーい」

「って、母さん、僕ひとり？　まだ七キロ残ってるじゃなーい」

「七キロむいたら利口になるわよー」

「そんなのずるいよ。言い逃れだよ。母さーん、母さん…」

　こんなときの母さんの逃げ足は、韋駄天《いだてん》クラス。まえかけを脱ぐのに二秒一、買い物籠《かご》とがま口とるのに三秒五、玄関でつっかけ履いて門を出るまで四秒〇、しめて九秒六〇で、ウサイン・ボルト[*1]に鼻の差です。

「…あーあ、しょうがないな。それではひとり淋しくむきますか」

　元清は鼻うたを歌いながらむき始めました。

〈うた〉
玉葱むーけば風呂はいれ
玉葱むーけば風呂はいれ　風呂はいれ

ふーろにはいれば垢《あか》流せ
ふーろにはいれば垢流せ　垢流せ

閼伽《あか》を供えりゃ手を合わす
閼伽を供えりゃ手を合わす　手を合わす

アクアミネラレ　イタリアで
アクアミネラレ　イタリアで　イタリアで

ふーねに積み込みゃ　長崎へ
ふーねに積み込みゃ　長崎へ　長崎へ

長崎　なーると　淡路島
長崎　なーると　淡路島　淡路島

鳴門の渦潮　見て帰れ
鳴門の渦潮　見て帰れ　見て帰れ

渦に飛び込みゃ　帰れない
渦に飛び込みゃ　帰れない　帰れない

帰らぬ人を待ちわびて
今日も淋しく皮をむく　皮をむく

「はー、やっと終わった。うわ、もう夕暮れだ。鼻うた何時間歌ったのかなぁ」

すると玉葱のはいっていた頭陀袋《ずだぶくろ》の底でなんだかゴソゴソしています。

「あれ、むき残したのがあったのかな」

袋に手を突っ込んでみると、果たして小さな玉葱ひとつ。元清がつかむと、ほかのと違って生温いような気がしました。袋から出してよく見ると、小さく硬く皮にくるまれた端っこから、濃い紫のしっぽのようなものが出ています。サキソフォーンの形にはね返らせてピンピーンと張り、先っぽはちょっと房になっていました。

「うへっ、なんだこりゃ？」

元清はそっと茶色の薄皮をむいてみました。すると中はエメラルド色の厚い皮のようで、皮と皮の間は輝くトルコ石の青でした。しっぽはそのままついています。

「おまえは玉葱かい、それとも動物かい？」

元清は尋ねましたが、答えません。

「さっきゴソゴソしていたのは、どうしてだろう。気のせいかな」

元清は両手で大切に持って、自分の部屋の枕元に小さな絹の布を敷き、その上にそっと置きました。万一これが動物なら、喉が渇くかもしれないと、小さなお皿にお水をはっておきました。

…………

その晩、元清がスヤスヤ寝ていると…

「モトキヨシ、モトキヨシ」

「うーん、ムニャムニャムニャ…」

「モトキヨシ、モトキヨシ、アソボー！」

元清が目を覚ますと、寝ぼけまなこの暗闇に、青くみどりに光っています。

「モトキヨシ、モトキヨシ、アソボー！」

元清はびっくりして尋ねました。

「だ、誰だい君は？」

「私は、玉葱の精霊ハルカ・イルミナウ」

「ハ・ル・カ、イルミ・ナウ？」

「そうよ、モトキヨシ」

「あ、あのさ、僕モトキヨシじゃなくて、モトキヨだよ」

「あら、そうだったかしら。どっちでも同じよ」

「お、同じじゃないと思うけど…で、君はどこから来たの？」

「玉葱の国から」

「たまねぎのくにぃー？」

「私は玉葱の国の王女です」

「はぁ…、で王女さまが何をしにここへ？」

「あなたのお姉さんになるためよ、モトキヨシ」

「お姉さん？　…って、僕、妹が欲しかったんだけどなぁ…」

「どっちも同じよ。モトキヨシ」

「同じでないでしょ、今度もさ。それにまだモトキヨシって言ってるし…」

「とにかくせっかくこうして来たんだから、遊びましょ！」

「遊びましょって、こんなに夜遅くに？　明日学校あるのに」

「何を言ってるの、モトキヨシ。私の弟になったらね、学校のことなんて気にしないのよ」

「うん、わかった！」

元清とイルミナウは追いかけっこして遊びました。イルミナウが逃げて、元清が追うのです。元清は運動が得意ですが、イルミナウはさらに上。小さいけれど羽があるので、追う者の手をすり抜けては飛んでゆきます。そしてイルミナウが羽をはばたかせると、微《かす》かに沈丁花《じんちょうげ》の香りがしました。

「ああ、いい匂い」

そうして人を惑わして、その間に逃げるのです。

「こら待てー、イルミナウ」

「フフフ、こっちよこっち、モトキヨシ」

〈うた〉
モトキヨシこちら　羽の鳴る方へ
モトキヨシこちら　沈丁花の香りへ　香りへ　香りへ…

…………


翌日から元清は学校を休みました。

部屋からも出てきません。

「おい、母さん、玉葱をむかせすぎたんじゃないかぁ？」

「そんなことでうちの子が引きこもるわけがないでしょ！」

「でも、学校は楽しそうに行ってたじゃないか」

「そうねえ。やっぱり原因は私たちかしら…」

「私たちって、その〈たち〉には、俺もはいってるのかぁ？」

「あったりまえじゃない。もとはといえば、あなたが他人《ひと》に玉葱むきを押しつけるからよ！」

「ほうら、やっぱり玉葱だぁ！」

その通り。原因は玉葱です。ただし玉葱の精霊のしわざですけれど…。そうして三年が経ちました。

「モトキヨシ、私、そろそろ玉葱の国へ帰らなくては」

「えー、どうして？　まだ少ししか遊んでないじゃない」

「もう充分遊んだわよ、モトキヨシ。部屋の外に出ればわかるわ」

「でも、お姉さんになってくれたんじゃないの。お姉さんがどうしていなくなるの？」

「ごめんなさい、でももうゆかなくては…」

「僕もいっしょにゆくよ。イルミナウ！」

「そうはいかないわ。玉葱の国にはいれるのはね、玉葱の大人と子どもたちだけ」

「そうかぁ…、わかった。じゃあ、またいつか遊びに来てね」

「そういうことがあればね、モトキヨシ。では、サヨナラ」

「さようなら。ハルカ・イルミナウ！」

イルミナウは、行ってしまいました。枕元には水の入れてあった小皿が乾いています。

「行っちゃった。一晩きりの姉さんかよ…。それにしても夜通し楽しく遊んでしまった。もう朝かな」

元清は部屋の外に出ました。朝の光が眩しくて、目が開けられないほどです。

向こうの部屋から、父さん母さんの話し声が聞こえてきます。けれども元清はちょっと訝《いぶか》しく思いました。廊下の様子が前とすこーし違うのです。何がどう違うのかはわからないけれど、壁の様子も突当たりの窓から射し込む光の具合も…。

父さん母さんは台所続きの居間で話をしていました。すると扉の開く音がして、

「おはよう父さん、おはよう母さん」

二人はびっくりして振り向きました。

「モ、モトキヨシ！」

「えっ！　母さんたちまで！」

二〇一〇年二月十七日

＊1　Usain St. Leo Bolt（一九八六年〜）。ジャマイカの陸上競技短距離選手。二〇〇八年北京オリンピック陸上男子百メートル決勝で九秒六九、二〇〇九年ベルリンで行なわれた世界陸上選手権では九秒五八を記録する。

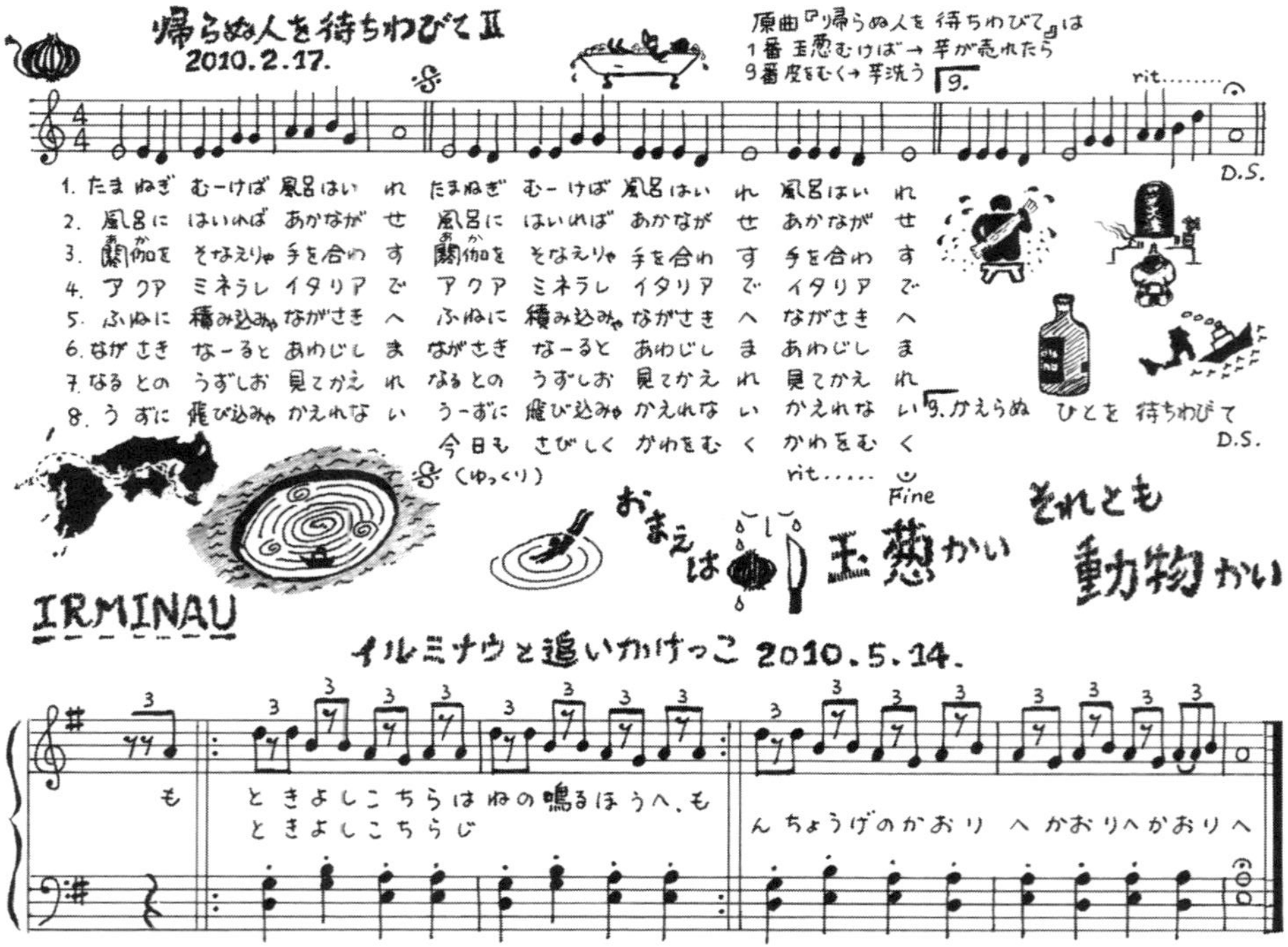
帰らぬ人を待ちわびてⅡ
2010.2.17.
原曲『帰らぬ人を待ちわびて』は
1番 玉葱むけば→芋が売れたら
9番 皮をむく→芋洗う
rit……
D.S.
1. たまねぎ むーけば 風呂はい れ たまねぎ むーけば 風呂はい れ 風呂はい れ
2. 風呂に はいれば あかなが せ 風呂に はいれば あかなが せ あかなが せ
3. 閼伽《あか》を そなえりゃ 手を合わ す 閼伽《あか》を そなえりゃ 手を合わ す 手を合わ す
4. アクア ミネラレ イタリア で アクア ミネラレ イタリア で イタリア で
5. ふねに 積み込みゃ ながさき へ ふねに 積み込みゃ ながさき へ ながさき へ
6. ながさき なーると あわじし ま ながさき なーると あわじし ま あわじし ま
7. なるとの うずしお 見てかえ れ なるとの うずしお 見てかえ れ 見てかえ れ
8. うずに 飛び込みゃ かえれな い うーずに 飛び込みゃ かえれな い かえれな い
9. かえらぬ ひとを 待ちわびて
今日も さびしく かわをむ く かわをむ く
rit……
Fine
D.S.
（ゆっくり）
おまえは玉葱かい それとも動物かい
IRMINAU
イルミナウと追いかけっこ 2010.5.14.
も
ときよしこちらはぬの鳴るほうへ、も
ときよしこちらじ
んちょうげのかおり へ かおりへかおりへ

恋愛とは、失恋とは

ときおり、小学生の子を持つ母たちから質問を受けることがあります。

「小学校六年生の劇の発表によい題材を教えてください」

私は迷わず

―シェイクスピアの『ロミオとジュリエット』

と答えます。

「えー、ロミオとジュリエットって、あの映画の？」

―いいえ、シェイクスピアの戯曲です。

「でも恋の物語でしょ。私たちの子には早すぎるんじゃないかしら」

「キスするんでしょ。そんなことさせていいんですか」

―舞台の上の表現は何でもありですよ

「ギョッヘー！」

…私がこの戯曲を勧めるのは、悲恋というものが、これほどの濃縮度と透明度で描かれている作品はないからです。

サファイアやルビーという宝石があります。これらの石は色が濃くてかつ透明なものが尊ばれます。透明とだけ聞くと無色か薄い色のように思いますが、そうとは限らないのです。

そんなサファイア、ルビーのような物語です。

思春期を迎え、また歩み出した少年少女は、巷《ちまた》にあふれかえっている奇怪《グロテスク》で安っぽいイミテイションではない「本物の石」に出遭うべきです。

『玉葱の精霊イルミナウ』も、そこに現代の引きこもりや、前章で取り上げた神々の里や龍宮の要素も含み込みながら、実は少年期の恋愛をおぼろな夢の形象に表現したものなのです。

中学生のとき、私は一晩中寝ずに恋文《ラヴレター》を何度も何度も書き直し、それを夜明けの薄明かりの中で読んで、自らの文章の稚拙さに絶望し、小さくちぎって捨てたことがありました。けれどもその晩は私にとって恋愛対象だった少女（の心）とたった一度だけ、共に過ごすことのできた素晴らしい夜でした。

その恋はもちろん成就するはずもなく、私は遂に告白もできませんでしたし、恋文を二度と再び書くこともありませんでしたが、その晩の明けた翌朝から、なんだか自分が大人に近づいたような気がしたのです。

イルミナウは予感です

出遭いのときに「この人は大切な人」と直感します
生涯に一度きり
かけがえのない出遭いであると嗅ぎ取ります
イルミナウは残り香です
かけがえのないものははかないもの
いつか彼方へ消えるもの
王女イルミナウは玉葱の国へ帰る
娘は鶯《うぐいす》の姿に戻り飛んでゆく
天女は羽衣をゆらめかせて昇ってゆく
乙姫さまは海の底
狐女房は山の中…

イルミナウのお話は一方で、やはり先に述べたように引きこもりの話でもあります。引きこもりについては、ひと言だけ申し上げておきましょう。不登校と引きこもりの子どもたちは「甘やかされて意志が働かなくなった子どもたち」と定義づけられることがありますが、私はそうでない例を数多く見ています。彼らの多くは優れた知性と感性の持ち主でした。学校には行けなくとも、芝居の稽古には楽しく参加していました。そして、彼らにしか演ずることのできない役、どんなに経験豊かで能力のあるプロフェッショナルの俳優にもけっしてこなすことのできない役柄があるのです。

それは胸のいちばん奥で波打っている感情の表現であり、微かにゆらめく遠い記憶の炎を消さぬように、その記憶を引き出して形にする能力です。彼らの心も、やはりサファイアやルビーのように透明で、しかも色濃く輝いているのです。

Ⅻ・母の病

太郎くんのお母さんは病気でした。

ずいぶん長いこと、丘の上の病院に入院していました。

太郎くんは学校が終わると、毎日お母さんに会いにゆきました。

病室にはいると、ベッドの中からお母さんは微笑《ほほえ》みました。

けれどもある日、太郎くんがいつものように病院へゆくと、お母さんの様子が変わっていました。

お母さんはプンプン怒っています。

太郎くんはびっくりしました。

お母さんが怒るところなど見たことがなかったからです。

お母さんは看護師さんのことを怒っていました。

お医者さんのことを怒っていました。

病院のことを怒っていました。

太郎くんは自分も怒られているような気がしました。

「ごめんなさい、お母さん」

太郎くんは小さな声であやまりました。

するとお母さんはハッとして、それから少し顔を歪《ゆが》め、ふとんにもぐり込みました。

太郎くんはハラハラしました。

そこへ看護師さんが現れ、太郎くんを呼びました。太郎くんは看護師さんに手をつながれて、お医者さんのところへゆきました。看護師さんの手はやわらかくて温かくて大きく、少し気持ちが落ち着きました。

お医者さんは、髪の毛も髭《ひげ》も腕の毛も黒々としていて、白衣にいっそう際立ちました。

「太郎くんこんにちは」

「こんにちは」

「お母さんは今具合が悪い。それで少しプリプリしている」

「お母さんが怒っているのは病気のせいですか」

「そうだよ、だからそっとしておいてあげるのが一番だ」

「お母さんはまた、前のように優しくなりますか」

「もちろん、もし病気が治ればね」

「治らなければ」

「治らなかったら怒りっぽいままかもしれないね」

太郎くんは困りました。どう思ってよいのかわかりませんでした。

「太郎くん」

「はい」

「たといいつも怒りっぽくとも、君のお母さんに変わりはないよね」

「はい、そうです」

「ならば怒らせてあげなさい。今まではずっと優しかったのだから」

「はい、いつも優しかったです」

「ではこれからも毎日会いに来るね」

「はい」

太郎くんはそれからも毎日病院へゆきました。けれどもお母さんの具合はだんだん悪くなり、そしてますます怒りっぽくなりました。

ある日の放課後友だちと遊んでいて、病院へゆくのを忘れてしまいました。いいえ、忘れたのではありません。病院へゆくのが辛かったのです。

その晩、太郎くんは夢を見ました。うなされました。

〈うた〉
夜露に　濡れる
草の　香りよ
三日月　鋭く
光る　剣《つるぎ》よ

翌日、太郎くんは学校が終わるとすぐに、走って病院へゆきました。

太郎くんは病室の戸を開けました。

するとお母さんはびっくりしたように太郎くんを見て、それから少し微笑みかけ、けれどもすぐに顔を歪めてふとんをかぶりました。

「お母さんごめんなさい。昨日来られなくてごめんなさい」

お母さんはふとんの中でうんうん唸《うな》っています。

太郎くんはベッドに近づきました。

「お母さん、どうしたのですか。苦しいのですか」

けれどもそれは、病気の苦しみではありませんでした。お母さんは泣いていたのです。それは嬉しさとやるせなさと悔しさの入り交じった涙でした。

太郎くんはもう二度と、お見舞いを休むようなことはしませんでした。晴れた日には途中の道で花を摘み、お母さんの枕元に飾りました。お母さんは相変わらず怒りっぽいままでしたが、それにも慣れ、ときたま見せる微笑みがかえって嬉しく思われるほどでした。

〈うた〉
夜更けに　輝け
闇の　太陽
苦しみ　集めて
焦がし　燃やせよ

それからひと月しないうちに、お母さんは亡くなりました。
涙がたくさん流れました。
けれども太郎くんは思いました。
昼間は哀しみを噛《か》み締《し》めよう。夜になれば夢でお母さんに会えるから…。

〈うた〉

夜空に　ひろがる
母の　面影
愛と　生命《いのち》を
絞り出す　ひと

孤独の　道ゆく
痛み　忍んで
月影　友どち
星の　囁《ささや》き

二〇〇五年五月十六日

母なるもの

最後のお話になりました。締括《しめくく》りはやはり「母」です。

母は私を生むとすぐに、東京から群馬県前橋近くの群馬総社へ移りました。父は働かず、母は貧しさを忍びました。そして一年もせぬうちに、東京の母の実家に戻りました。いわゆる「出戻り」というものです。

息子の養育費を稼《かせ》ぐために、母は外へ働きに出、家では和文タイプの内職をしていました。昼間は母と会えませんでした。ですから私たち親子にとって夜寝る前の時間はとても大切なものでした。

母は「ある男の子」の話をしてくれました。

その話は続きもので、男の子の名は「たかしくん」というのです。

なんだか自分のことのような、またそうでないような、何日か同じ話が繰り返されることもあれば、話が先へ進んだこともありました。

これは母の即興話です。物語として優れたものであったとは限りません。他愛のない内容だったかもしれないのです。

それでも私は、そのお話が楽しみでしたし、聞いていたときの、なんともいえない心の自由さを思い出します。私の生きることの中に、このお話が果たした役割が小さくないことだけは確かです。

ところが不思議なことに、私はそのお話の内容を一切覚えていないのです。たかしくんが何をしたのか、どんな男の子だったのか、少しも思い出せません。

夢から目覚めてしばらくすると何も覚えていないように、ただその夢の印象の深さ、なつかしさ、温かさだけが残り漂っているようにです。

けれどもこのなつかしみ、この温かみこそが「母なるもの」なのではないでしょうか。

そして母と子は人生において、幾度かの離別を体験します。それは母から子どもの心が離れてゆくことで、けれどもその離別は大切で必要なことなのです。教育心理学等では「第一次反抗期」「第二次反抗期」などと呼ばれるようですが、せっかくですから物語で表現してみましょう。

蛇の輪

男の子がおりました。男の子の周りには太くて長い蛇が輪を描《えが》き、男の子を守っておりました。

男の子は幸せでした。蛇もまた幸せでした。

ところがあるとき、男の子は蛇の輪の外へ出てみたくなったのです。

男の子は蛇に外へ出してくれるように言いました。

蛇は、そんなことはできない、外の世界はとても危険で、そんなところへ男の子を出すわけにゆかないと答えました。

男の子はそのときはそのまま引き下がりました。

けれどもしばらくすると、また外へ出たい気持ちがふつふつと湧き上がってきましたので、もう一度蛇に頼みました。

けれども蛇は許してはくれませんでした。

そのようなことが重なるうちに、男の子は蛇のことが疎《うと》ましくなりました。

その疎ましさは、徐々に徐々に強くなり、遂に憎しみにまで到るや、男の子にとって蛇は生きるに取り除かねばならない敵になってしまったのです。

男の子は蛇を剣《つるぎ》で切るという、恐ろしい考えを抱きました。

そしてかつて、いざというときのためにと、誰かが地面に剣を埋めてくれたことを思い出しました。

男の子は足許《あしもと》を掘りました。すると思った通り、土の中に鋭い刃《やいば》が煌《きらめ》くのが見えたのです。

男の子は蛇が眠っているのを見計らい、渾身の力を込めて剣を振り下ろしました。

空のかなたにまで響く叫び声とともに、蛇はのたうちまわりました。男の子はこうして蛇の輪の外に出ることができたのです。

男の子は遂に自由になりました。

そして思い出しました。

この日のために剣を隠してくれたのが、母なる蛇その人であったことを。

二〇一〇年三月十八日、バリ島にて

別離と再開、確執と和解を繰り返しながら、母と子は成長してゆき、そして肉体の別れ、すなわち「死別」のときを迎えます。

私は本稿を書いている時点で、母を亡くしてはいませんが、数年前、仲のよい従兄弟《いとこ》たちが、彼らの母で私の母の姉を亡くしたときの、見事な振舞いを思い出します。四人の子どもたちのために、文字通り「身を粉《こ》にして」働いた偉大なる母（私にとっては伯母）への感謝が美しく表現された日々を、私は心の底から感心して見ていました。自分の母がそうなったとき、同じような態度でいられるとはけっして思いませんが、人生の最後の儀礼を通過する人とその魂を是非とも祝福して送り出したいものです。

●第二章●

物語が生まれるとき

I．子どもは天から物語とともに降りてくる

子どもたちとの触れ合いの中でお話ができてゆく様子、そして十二の物語をご紹介しました。お話は子どもらが伝えてくれる、教えてくれる、と述べました。そのことについてじっくり考えたいと思います。お話はいったいどこから来るのでしょう。母が子に語る物語は、いつ誕生するのでしょう。

それは「母親が子どもを授かったとき」だと思います。物語に起源があるとすれば、「母子関係」にその道標《みちしるべ》があるだろうということは、お話をするごとに感じていました。物語の生成に母子が深く関わっているのです。

子どもが遠い世界から自分のもとに来たという体験は、母にしかできません。そのとき、母親が子どもを授かったとき、すでに、物語は始まっています。

物語は母親が語って聞かせます。子どもはそれを受け入れます。ごく当たり前に考えれば、母が子にお話を伝えているということになるでしょう。母から子に、あるいは、お婆さんお爺さんから孫たちに、代を追ってお話が伝わるものだと考えるのが普通でしょう。

ところが物語を語れば語るほど、多くの母子関係を見れば見るほど、果たしてそれほど単純

なことだろうかと思うようになりました。そして物語は、実は母が子どもに語るよりずっと以前から天にあり、子の魂が地上に降りるそのときに、遠い世界からいっしょに降りてくるのだと考えるようになりました。

つまり、母や祖父母が子どもたちに話を伝えるのではなく、子が母にお話をもたらすということです。新しいお話ができるたび、語るたびに、この考えは強くなってゆきました。

証明することなどできません。けれども、理解の手がかりとして二人の母の綴《つづ》った短い物語を読んでください。

ひとつめは、妊娠中のひとりの母によるものです。

土団子

あるところに薄暗い洞くつがありました。
中には小さな土のお団子がひとりぼっちで住んでいました。
あるとき、土のお団子は外はどうなっているのかなと思いました。
毎日毎日外のことを考えていると、

実際に外の世界を見てみたくなりました。
そこで土のお団子はころころころころころと
洞くつの中を転がり、外の世界へとびだしました。
外には見たこともないものがいっぱいで、
とてもびっくりしました。
びっくりしてオギャーオギャーと泣きました。[*1]

水島 好《よしみ》

もうひとつは、ある母から聞いたかつての記憶をもとに短い物語にしたものです。


女の子はとても幸せでした。花と鳥に囲まれて暮らしていました。

ところが、ある日突然、暗い穴の中へ落ちました。その穴からは細い道が続いていました。

その道は暗く、心細さ淋しさは喩《たと》えようもありません。

けれども女の子は勇気を振り絞ってその道を歩きました。いつ終わるともしれないほど長く感ずる道でした。

そのとき何かが私をつかみ、外へ引きずり出しました。そして声が聞こえました。
「おめでとうございます。かわいらしい女の子ですよ。」

原作／清水利紗
再話／川手鷹彦

天から離れた魂が孤独の道を歩み始める。それが物語として伝えられます。天上にある物語が子の魂とともに降りてくる。そのいきさつを、物語は豊かな像で伝えるのです。

そして母親はそのあとも、子どもが天から運んでくれたたくさんの物語を読み取ります。そしてこの「読み取り」の作業を《子育て》と呼ぶのではないでしょうか。

《子育て》とは、大人が子どもに世の渡り方、人との接し方を教えることではありません。子どもの心に耳傾けること、尋ねることだと思います。生きることの知恵はすでに、子どもの内にあるのです。天から持ってきているのです。その知恵はさまざまな色合いを表し、さまざまに姿を変え、そしてさまざまな響きを響かせます。それがお話、物語です。

ありとあらゆる知恵の込められた物語が子どもの心に眠っています。母親はそれを呼び覚ますだけです。「人間の本質」「大自然の法則」「生命の神秘」…言い換えるなら「人とは何をすべきなのか、私たちはどこから来て、今何をし、そしてどこへ行くのか」「鳥やけもの、草木や石を慈しむこと敬うこと」「生きること死ぬことの尊さ」…それらを母は聞きとって、やさしい言葉と語り口で子どもに返してあげるのです。

ですから私は折に触れて、小さな子を持つ母たちに話します。下手でもいいから、短くともかまわないから、自分で創ったお話、自分の内から湧き出てくるお話を、子どもに聞かせてあげてください、と。

「昔むかし、ある小川に小さな蟹《かに》の子が住んでいました。蟹の子はいつも、岸の向こうの森の中には何があるのかと思っていました。ある日蟹の子は岸へ上がり、旅に出ました。さて森の中で蟹の子は何を見たのでしょう…続くー」

すると母たちは笑います。えー、そんなに短くそんなに単純な話でいいのですかぁ。よいのです。その物語はあなたが創ったようでいて、実は腕の中の子どもが教えてくれたのですから。というのも「蟹の子」とは誰でしょう。それはあなたの子どもです。夜店やデパートの屋上で売っている蟹ではありません。そしてその子は翌日の晩、きっとそのお話の続きをあなたに教えてくれます。

ところで、これまで述べてきた「母」とは、「子を持つ女性」にとどまらず、より大きな意味での母親、偉大なる《母性》のことを言っています。母親がいなくとも、いやいたとしても、その子を守りその子を支える人はすべて《母性》を担う存在です。

私も母ではありませんが、数えきれないほどたくさんのお話を子どもたちに教わりました。子どもらと出遭い、日々共に遊び、歌い、涙する…。そうした触れ合い、慈しみ合いを通して、彼らの内の物語を読み取ってきたのです。

＊1　『おはなしおはなし第一集』（伊達とらおおかみ版）より

Ⅱ．無から有が生じるとき

物語ができる瞬間について、別の視点から見てみましょう。

かつて私が演劇を修めたスイスの演劇単科大学「ゲーテアヌム言語造形・舞台藝術学院」で、演劇と日本文化について講義しました。一年目の主題は芭蕉の俳句「古池や蛙《かわず》飛び込む水の音」。日本人なら誰もが知っている名句です。

演劇学校にはスイス・ドイツをはじめ、ロシアやグルジアなどからも学生が来ています。まず日本語とドイツ語で聞かせ、それからそれぞれの母国語に訳して朗唱しようということになりました。母国語の言葉で表現するにあたって、この句の意味をじっくり時間をかけて話し合ったのです。私がいくつか質問を出しました。

どこの情景だろう。池はどこにあるのだろう。

するとみながほとんど声を合わせるように「寺の中」と答えました。この句で芭蕉は場所を特定していません。にもかかわらず学生たちの大半が「仏教の寺だ」と感じたのです。

次に、蛙は池のどの辺りに飛び込んだのか、訊《き》きました。するとしばらくの沈黙の後に、誰かが「池の真ん中だ」と答えると、みな頷《うなず》きました。（現実には蛙が池の中央に飛び込める、ということは、ほとんどないにもかかわらずです。）

私はまず、句の本質にたちまち迫った母校の学生たちが頼もしく思え、そしてすぐに芭蕉ってすごいな、この句は本当に名句なんだな、と思いました。

民族も言語も異なる若者たちが、この句から共通して想像したものは、

「寺院という清らかさ静けさに、波ひとつない池があり、その真ん中に何かが生じた」

というものです。

この想像《イマジネーション》は、西洋人が日本文化に出遭うとき、必ずといっていいほど最初にぶつかる問題、例えば禅の思想にも関わるものです。すなわち、

「無から有が生ずる」

けれども池は本当に「無」の世界なのでしょうか。

池の表面は確かに静やかで何の動きも感じられない。しかし水の中には多くの魚が泳ぎ、藻が生え、底の土にも水の中にも数限りない微生物が生きている。蠢《うごめ》いている。

蛙が飛び込んだのには目的があったのかもしれない。池の中のまだ見ぬ人、否《いな》、まだ見ぬ蛙に会いたかったのかもしれない。

つまり、無から有を生じせしめるには、静やかさを打ち破る行為が要る。あるいは、静やかであったからこそ、それを打ち破ろうとする衝動が生まれる。そうして蛙が飛び込んだとき、「水の音」をきっかけに、それまで水面下に隠されていた豊かな世界が顕《あらわ》れる。

完全な静寂である池の面《おもて》に亀裂が生じ、そこから水の音と共にあふれ出すもの――それが物語ではないでしょうか。

であるならば…、母が子どもと出遭う、私が子どもたちと出遭う、その出遭いがひとつの「事件」として生じる。それが「蛙の水に飛び込むこと」かもしれません。母子の間、師弟の間に、「大切にし合う気持ち」「深く関わろうという気持ち」が生まれ育まれたとき、無から有が生ずるように物語があふれ出てくる。物語が生まれるとは、まさにそういう瞬間のような気がします。

私はヨーロッパの若者たちと学んで初めて、この句の真髄、芭蕉の秘密が解き明かされたように感じました。この名句は、無が有を生むときに、何が不可欠なのかを、凝縮した表現で示しています。

まず、お寺に象徴される清らかな静けさ。心が静やかだからこそ、子どもの伝える物語が聞きとれるのではないでしょうか。心が静やかに、鏡のような面《おもて》になったときに初めて、その鏡に子どもの内の物語が反射して、母は語り出せるのではないでしょうか。

池の中に飛び込むには、勇気や決断が必要で、溺れる危険を伴うし、結局何も見つからないということもある。見返りは約束されていないのです。けれどもけっして後悔することはありません。

社会的な評価や学歴、つまり見た目ばかりを気にかけて、池の端《はた》ばかりを巡っている大人がいかに多いことでしょう。池の端をいくら駆けずりまわっても、水の周りの風景をどれほど細かく観察し分析しても、水の中は見えません。

けれどもそのことばかりに技術と資材を費やしているのが現代です。そのことを私たちは認識しなければなりません。善意があっても努力をしても、それが池の端で終始しているという自覚をしないうちは状況は少しも変わりません。

子どもらは水の中で物語を語っているのです。水の外では子どもの言葉は聞きとれず、自分の言葉も子どもに届かないのです。常識や社会通念という衣を脱ぎ捨て、「子どものことを知りたい」「池の中はどうなっているのか知りたい」という素直な気持ちで、子どもの心の池の中へ、蛙のように飛び込んでみましょう。

Ⅲ．美しさからおぞましさまで――母たちの国、原像の国

ドイツの詩人ゲーテは、代表作の悲劇『ファウスト』の中で、《母たちの国》という謎めいた地下の王国を描いています。

《母たち》と複数で言うぐらいですから、個人的・私的な「お母さん」ではなく、大いなる《母性》です。《母たち》とは女神たちで、美しくもおぞましい女神たちです。

なぜ美しくも《おぞましい》のでしょう。

それは「母たち」だからです。それは「母子関係」だからです。

出産は究極の美と喜びであると同時に、母の腰から血みどろの肉塊を引きはがす深い苦痛の体験でもあります。

かつての村社会においては、出産の場は男子禁制で、清浄と不浄との境界でした。イザナギ（男・夫）は、イザナミ（女・妻）の真の姿を見てはいけない。それは見るもおぞましき姿であ

る。

母子関係を見てください。朝から晩まで慈しみ合う穏やかなうす桃色の夢ですか。そんなことはごく一瞬で、子どもは危ないことをすぐするは泣き叫ぶは、母親は金切り声で怒鳴り散らし、場合によっては手も出るでしょう。母と子もやはり、美しくも《おぞましい》関係なのです。

それでもまだ赤ん坊のころはよい。少し大きくなると、子どもに知恵がついてきて、「これだけはしないでくれ」と願うことを見透かしたかのようにしてくれる。ついこのあいだまでは、天使のようだった。今はどう見ても天使には見えない。

すると子育ても駆け出しの母親は怒鳴るたたくでは終わらず、極端な話、洗濯機に入れて洗う、コインロッカーに閉じ込める、ということまでする。「そういう母は異常人物」で済む話ではありません。誰にでもそういう激情は起こりえます。子育てには悪と死が隣り合わせにあるのです。

私は子育ての否定的《ネガティヴ》な面だけを強調したいのではありません。光輝く愛の結晶の日々もあってのことです。つまり端から端まで全部ある。

美しさからおぞましさまで。

天にも昇る喜びから地の底へ落ちる苦しみまですべて「母たちの国」にあるのです。

「母たちの国」はまた「原像の国」とも呼ばれます。

「原像」とは、地上の営みすべての元の姿、青写真のことです。

世にたくさんの机があり、椅子があれば、「原像の国」には「机の原像」「椅子の原像」があります。黒板に完全な円は描けない。必ずどこかに歪みが出るし、そもそもチョークの線は線ではなく、線のように見えている面なので、正確な図形にはなりえない。けれども「原像の国」には完全な「円」、完全な「正三角形」、完全な「球」や「正四面体」があるのです。

物や形だけではありません。人の感情や抽象的な出来事にも「原像」は存在します。「喜び」の原像。人の日々の暮らしにあっては、混ざり気のない完全な「喜び」はありませんし、完全な「哀しみ」や完全な「怒り」はありません。それらは入り交じっています。喜んでいてもかすかな不安が残ります。怒っていてもどこかに哀れみがあるものです。けれども「原像の国」には「喜び」そのもの、「哀しみ」「怒り」そのものが存在します。

そして物語や昔話にはそれら「原像」に極めて近い登場人物、けものや虫たち、花や石、城や森や河や泉が描かれます。

「森」はまだ解き明かされない心の深みを表します。その「森」に迷い込む「旅人」はその人自身、湧き出る泉や流れる河は、生命の源とその潤いの表現です。

物語の中の「狼」は現実よりもはるかに恐ろしく、つまり「恐ろしさ」の原像に近く、昔話の「お爺さん」は実際よりも知恵深い、つまり「知恵」の原像に迫っています。「物語の世界」とはですから、「原像の国」に極めて近い。眠る前に子どもが聞く物語は、地図となり羅針盤となって、眠ったあとに「原像の世界」を行くための大切な準備となり、そして物語に登場する諸々は、それぞれの原像そのものに出遭い、重なり合い、結びつきます。このようにして子どもの心は眠りの世界、すなわち深く精神的な世界と一体になり、そのことが朝の目覚めの健やかさと一日を暮らす勇気につながるのです。

●第三章●

物語のしつらえ

I. 光と影に気を配る

子どもたちが物語を聞いて深い体験を得るために、最もふさわしい空間とは…。そのことに気づいた経緯をお話ししましょう。

欧州での生活を終えて帰国した翌々年一九九五年の四月、友人たちに乞われて子どものための藝術教育の場を始めることにしました。

その教育内容の三本柱は、ごっご遊び・わらべうた・昔話で、それは今日に到るまで変わらぬ大切な「子どもの遊びの三要素」ですが、それに加えて一人ひとりの子どもの様子に応じて、言語・音楽・絵画の三つの分野での藝術性をより深める活動《カリキュラム》を考えました。[*1]

そのうち言語と音楽については迷わず進めることができたのですが、絵画に関してはためらいました。[*2]

ドイツやスイスでの体験から子どもの教育、特に「心の保護を求める子どもたち」のための治療教育[*3]において、絵画はとても重要な役目を果たすことを感じてはいました。

では、現代日本の子どもたちは、どのような方法と内容でするのがよいのか。

日本文化の伝統を大切にすることを考えるなら、墨を使うことかな…とぼんやり思い浮かんではいました。けれどもはっきりとした見通しはつきませんでした。私は言語藝術分野の人間で、多少の音楽的感覚は持ち合わせていましたが、絵画に関してはまったく自信がなく、学校時代から苦手意識がありました。

そこで、欧州で体験してきたのと同様の素材と方法で水彩画を始めました。そしてそれは確かに子どもたちの豊かな色彩体験を呼び起こしました。けれども心のどこかでこれだけでは足りないという想いが拭《ぬぐ》いきれず、毎年度末になるたびに、さて来年度の絵画はどうしようかと思い悩んでおりました。そうしているうちに十二年が過ぎました。

一方、沖縄でも二〇〇〇年から子どもたちとの活動が始まっており、海辺の家をお借りして七年経っていました。とてもよい場所でしたが、家主さんが戻られることになり、私たちも引越すことになりました。

いろいろ物件を見てまわり二十件ほど目に、「これは！」という家が見つかりました。

周囲の環境は、必ずしも子どもたちの藝術活動にふさわしいとはいえない、賑やかな場所でした。本来、子どもの教育には静かで自然の豊かなところのほうが望ましいし、せっかく海と森のきれいな沖縄にいるのです。

けれども私は見た瞬間に

「いいな、ここは」

と思いました。

そうして実際に引越してみると、子どもたちが以前より落ち着いているのです。どうしてかなぁ、でもいいよなぁ、と思いながら過ごしていました。

ある日の遅い午後、子どもたちといっしょに、ピアノの演奏でバッハに耳傾けているときでした。

そのときハッとしたのです。

陽《ひ》はゆっくりとかたぶいて、なんとも言えないいい空気が流れていました。それは音楽のせいだろうと思っていたのですが、それだけではない、障子《しょうじ》を伝わり微妙に畳に吸い込まれ、またはね返る光の技《わざ》だということがわかりました。

夕暮れどきの優しい光、それが障子と畳によってさらにやわらかくなって、その場にいる者たちを包み、その者たちの心を慰めているのです。

そしてそのとき同時に、

「墨絵ができる」

と思いました。

「この空間、この光の中にこそ墨絵は生きてきたのだな」

「そうか、畳と障子と墨絵とは三つで組だったのか」

それまでも光については、とても気をつけていました。明るいうちから電灯はつけないようにしていましたし、日が翳《かげ》ってもすぐにはつけないように、蛍光灯は繊細な子の心を乱し混乱《パニック》を誘発しやすいので使わないように、光と影の織り成す色[*4]を大切にしていました。そしてこの色の体験、光と闇の体験が子どもたちにとって必要であることも感じていました。

今、改めて明らかになったことは、そのような微細な光と色の体験が本当に人の心を落ち着け、子どもの心を安らかにするということです。たとい騒音があっても、光と影の力で和らげることができるという新しい発見でもありました。

そこですぐに、東京の研究所でもやろうと思いました。

東京の研究所は洋風の家屋です。

けれども、たとい障子と畳がなくとも、光に気をつければ…正確に言うなら、

光と影の為す技に、充分気を配るなら、

どこでも墨絵はできるという「確信」に到りました。

そして墨絵は日本の民族、東アジアの民族に特有のものですが、光と色の微妙な体験は、人類普遍のものです。

私が住んでいたころのドイツやスイスの家庭には、本当に必要になるまで灯《あか》りをつけないところが少なくありませんでした。友人が訪ねてきて話をするだけなら、暗くなっても灯りはつ

けないか、蝋燭《ろうそく》でした。

バリ島でも、つい数年前までは、二〇ワットより明るい電球は家では使いませんでした。ぼんやりとした灯りの下で、家族が団欒していました。そして祭りの晩に影絵芝居ともなると、ランプひとつで村中の何百・何千の人々が、影絵の技に打ち興じていたのです。

それぞれの民族にそれぞれの「光と影の文化」があった。できることならそれらを守り、願わくばそれらから学びたいものです。

子どもたちと墨絵をするにあたって、気をつけたことがありますので、参考のために記しておきましょう。それは、

・擦《す》った墨を水で薄めて濃・淡・極淡の三種類を用意すること

・具象的な形にならないように三種の墨の織り成す「色」を体験するように導くことです。

このことにより、子どもの心に水彩画のときよりも豊かな色彩体験がされているようでした。

墨は黒ではない。

墨には数限りない色が隠されている。

微妙・繊細な墨の色が紙の上に描かれると、心の内に瑞々しく豊かな色が生まれる。

Ⅱ．子どもたちの様子を見る

「即興」とはその場の興に乗ることです。

物語でいうなら、そのときの子どもたちの様子をよく感じ取って話すということです。独りよがりにならない。子ども本位である。ですから語り手の「即興性」は物語の生成にとってかなり重要なことになります。

世阿弥は花伝書の中で、能の曲は事前に決めない。その日の天候や客層によって変えなさい、と伝えています。

けれどもお話はある期間同じものを続けるのがよいのでは、という疑問が生ずるでしょう。

小さい子や、特定の心の状態を持ちその保護を求める子には、繰り返して同じお話を聞かせることは大切です。しかしそれにしても、たとい同じ話であっても、毎日まったく同じ語り口ということは、できないし、あり得ないのです。

同じ豆腐の味噌汁でも、日によって微妙に味が違うはずです。昔話や物語も、まったく同じ筋であっても、その日の子どもの状態によってリズムや響きを語り分けられたら理想的です。

その子があまり元気のないときには、こちらもあまり初めから調子に乗らず、低めに弱めに始まって、そして徐々に調子を上げてゆく。また子どもが興奮して神経が逆立っているようなときは、終始変わらぬ落ち着いた調子で話す。

少し大きくなった子どもたちや、お話が大好きで貪欲《どんよく》にどんどん吸収する子には、ときに応じていろいろな物語をしてあげます。

伝統的な昔話を語るにしても、即興話をするにしても、重要なことは、彼らのその日の顔色、体調、感情の起伏などをよく見るということです。

子どもたちの様子を見る。彼らの顔が蛙《かえる》に見えてくる。そこで蛙の母さんの話をします。すると語り出して間もなく、子どもと語り手のリズムがピタリと合う瞬間がある。第三のリズムの誕生です。子どものリズムと語り手のリズムが融合して第三のリズムが生まれる。

こうなるとしめたもので、何ももうクドクド考えることもない。自然に言葉が口をついて出てくる。それは自分が語っているというより、物語の神さまが、語り手の口を使って話しているようです。

物語の神さまとは?

もちろん、子どもたちのことです。

Ⅲ．信頼すれば信頼される

「物語のしつらえ」において、子どもとの信頼関係は極めて重要です。

信頼とは、語りはじめる前に充分に時間をとって待つということです。「充分に時間をとって」というのは、時計で計った時間の長い短いではありません。一秒で充分なこともあれば、しばらく自由に遊ばせておくことが必要なこともあります。長さの問題ではなく、子どもたちがお話を聞ける状態になるまで落ち着いて待てるかどうか。それが、このあとのお話がうまく展開するかどうかの分岐点です。

少々騒がしくとも「注意」や「指導」は極力避け、「静かにしなさーい！」「前向いてお行儀よく」が喉《のど》まで出かかったら呑《の》み込みましょう。

語り手がここで静かに待つということは、子どもはそもそもお話が好きで聞きたい、しかしそれまでにいくらか時間が必要だ、もう少し待てば子どもたちはお話を聞ける状態になる、ということを信ずるからです。それは子どもに対する信頼です。すると子どもも語り手を信用する。相互の信頼という化学反応が起きれば、そこには物語にふさわしい場がしつらえられるのです。

東京や沖縄の子どもたちとはこれまですでに信頼関係を築いてきた仲なので、彼らはすぐ静かになりお話を聞く態勢になってくれます。しかし新しい子が来たとき、別の場所や施設に呼ばれて初めて会う子どもたちに話すときでも、疑いの心は不用です。長い年月をかけて温めてきた人間関係はとても貴いものです。けれど知り合ってすぐにできる信頼関係もあるのです。

みんな私の話を楽しみにしてくれている。

お話聞きに来てくれてありがとね。

間違っても、

知らない子は何するかわからない

というような考えは禁物です。

どこの誰かもわからない子どもたちなんだから、きっと騒ぐに決まっている。

どうせ聞きゃしないだろう。

こんな気持ちで子どもの前に坐ったら、聞く側もわかります。どんなにニコニコしていても、その不安と疑いはあっという間に伝わります。

初めての子たちですから、幾分時間はかかります。

それはひとつには、子どもたちもみなストレスを抱えて来るということ。学校で友だちと諍《いさか》い、先生から叱られたかもしれません。そして家では家族間の確執がある。彼らは荒廃した現代に生きるという苦しい使命を負うているのです。

もうひとつは、互いの様子がわかるまでにはやはりそれなりの時間が必要だということです。私はだいたい五分くらいは待ちます。五分といってもそういうときの五分は長い。二〜三分もすれば、子どもはいいけれど、その後ろに坐っている先生やご父母たちがやきもきし出します。聞く側にある立場の大人が、お話を楽しむ仲間として、落ち着かない子どもたちを話を受け入れられる態勢に促すことは、必ずしも悪いことではありませんが、やりすぎないことです。だからせいぜい五分くらいにしていますが、本当はもっと待てます。

かつて岐阜の市民グループによって支援された演劇塾では、小学生から高校生まで七十名が芝居の稽古のできる状態になるまでに毎回三十分ほどかかりました。子どもたちは家庭や学校で溜めてきたもの、それが楽しかったことにせよ、ストレスだったにせよ、ものすごい勢いで吐き出し合っているのです。ちょっとやそっとで収まるようなものではない。それを無理に押し込めてしまったら健康によくありません。

それでも騒ぎつづける子には、どう対処すればいいのか？

騒ぐ子どもは何を求めて騒いでいるのか。それを見てあげることです。例えばその子が温かい心と言葉に飢えているということがあります。そういう子を見たときは

「今日、飯《めし》なに食ってきた？」

と聞いてあげるだけで、すごく喜んでくれます。そしてすーっと落ち着きます。ちょっとした行為や言葉がけがとても重要になるのです。

「おう少年、今日の髪型なかなかいいね」

「今朝納豆にねぎ入れて食ってきた？」

「彼女元気？」

「アナタハ、カミヲ、シンジマスカ？」

など、あらぬ事、突拍子もないことでよいのですが、温かい気持ちを持って接することが大事です。言葉の表面の意味ではなく、どういう心で話すかです。こちらが心を開けば、向こうも開く。その上でお願いする。

「悪いんだけどさ。これからしばらく僕の話、聞いてくれる。スッゲェつまんないかもしれないんだけど、マジいい話だからさ。大人んなってから聞いといてよかったって思うよ。そのー、あとからジワーと来る感じのヤツだからさ」

などとよけいに突飛なことで、少しは煙《けむ》に巻きながら請うのもひとつです。

もちろん、これは私のやり方のそのまた一例ですし、子どもによって言葉も態度も変えますから、みなさんなりの仕方で工夫してください。

稀《まれ》にではありますが、その時その場にいることが苦痛以外の何物でもなくなってしまっている子どももいます。そういうときは、その子をその場から去らせて別室に移すことなども必要な措置として考慮に入れるべきです。その決断をすることは大人にとっても勇気のいることかもしれませんが、その子を真に慈しむ気持ちでしてあげてください。ただし、くれぐれも表面的な状態で判断しないようにしましょう。

子どもは、一人ひとり違うのですから、一人ひとりの子どもの様子をよく見ることがとても大切だと思います。

Ⅳ．下手でもよい、敬いと慈しみをもって語ろう！

物語のしつらえについて三つ理想をお話ししてきました。光と影に気を配ること。聞き手の状態に応じた即興性。そして子どもたちへの信頼。―三つの底に流れるのは、「敬いと感謝の気持ち」です。ただの子どもたちではありません。私たちのような行き届かない大人のところをわざわざ選んで来てくれたのです。

私はいわゆる子どもの扱いが上手な人間ではありません。最初から仲良くなんてなかなかなれないんです。子どもの前に出れば照れます。かわいらしいと思っても、かわいいね、だっこさせて、なんて直接的なことは言えません。それでも彼らに感謝することはできます。いつもありがとう、いつも物語を天から運んでくれてありがとうと、敬いの気持ちを捧げることはできます。

中世ヨーロッパで、ミンネゼンガーと呼ばれる吟遊詩人《うたびと》たちが、城から城を巡りながら、詩と自らを王妃や女王に捧げました。見返りを求めず、物質的な要求をしない愛《ミンネ》。「うたびと」とは語り手で、子どもたちが「女王」。こちらはあくまでも捧げる立場、敬う立場です。「物語の神さま」は子どもたち。この位置関係を忘れてはなりません。

夜の帳《とばり》が降りて閨《ねや》にはいる。臥所《ふしど》で物語を語り聞かせる。いつの間にか子どもは眠っている。そうしたらお母さん、子どもの枕元で感謝しましょう。私のところに来てくださってありがとうございますと。

母子はただなんとなく母子なのではなりません。世の母はあまりにも子を授かった幸せに慣れ親しんでしまっているのではないでしょうか？ けれども子を授かるということは、宇宙の奇跡、神々のはからいなのです。

その奇跡、その御技《みわざ》に応えるために、母子の関係性は互いの存在に深く関わろうという意志に基づいたものでなくてはなりません。深く関わるとは、ただのベッタリではありません。怒鳴って泣かせてから抱きしめてゴメンネ、ではありません。

それは正面切っての関係というよりは、側《かたわ》らに寄り添うという関係です。同じ方向を向いて同じ空を見ている。母子というより同胞《はらから》。大自然という母から生まれた兄弟姉妹の意識でしょうか。同胞が共振する。蜂と花、風と木立、星と星が触れ合い震え合うように。

その共振によって味わうから、母のつくった料理はおいしい。他人が食べたら「ナンジャコレ!?」という代物であっても、子どもにとっては、母の優しさの味がする。母の握ったおむすびは母の手の味がする。子どもは母親が世界一美人で世界一うたがうまくて世界一の料理人だと思っています。

だからこそ、そのことに驕《おご》らず、深く、しかし距離を置いて子どもの存在に関わってくださ い。そして優しさ・慈しみという「だし」の効いた、物語というお味噌汁を、物語の神さまである子どもたちにお供えしてください。

小さいころ、手をつないで歩いたときの母の手の温《ぬく》もりは忘れません。手のひらの温度のことではありません。母の手に私たちは貴い敬いと慈しみの心を感じたのです。その温もりの感覚は生涯忘れることはありません。

母の温もりは、辛く孤独な時代を歩む糧であり続けるのです。

＊1　ごっこ遊び、わらべうた、昔話も、全員同じものではなく、その子そのグループのその時その場にふさわしいものを丁寧に選んでいます。

＊2　言語藝術については、和歌と「百人一首」、琉歌と「琉球歌歌留多《うたがるた》」や、宮澤賢治の詩、唱え言葉とリズム歩行など。音楽については、ライアー（竪琴《たてごと》）による山田耕筰／北原白秋の作品や、バッハ、ドビュッシーなど。そして総合藝術としての演劇は、それらの融合・集大成として、小学校高学年以上の子どもに体験してほしい。

＊3　ドイツ語の**Heilpädagogik**を訳した述語。「治療」という言葉には病を「治す」というニュアンスがあるが、ここでは微睡《まどろ》んでいる彼らの叡知を藝術行為によって呼び覚ますことが目指される。

＊4　ゲーテの色彩論によれば、闇の向こうに光があると青、光の向こうに闇があると赤が生ずる。

●第四章●

リズムと響き

I. 言葉に宿る精霊―自閉症に学ぶ

子どもは生まれて二歳・三歳くらいまで、言葉をその意味よりもその形態、すなわち《リズムと響き》で受け止めています。けれども《リズムと響き》に対する鋭敏な〈感覚〉は、成長するに従って徐々に失われてゆきます。

あるひとつの言葉の意味がある日突然わかった、

「なんだ、そうだったのか」

と思った体験はありませんか。

私は『見るなの箪笥《たんす》』の「見るな」が「見てはいけない」という意味と結びつくまでに相当な時間を要しました。

MIRUNAという音の響きがなんとはなしに不思議で、この物語の持つ神秘性と合致していたのです。もうずいぶん大きくなってからだと思いますが、このMIRUNAが「見るな」だったとわかったときの「嬉しいような哀しいような感じ」。理解できてよかったと思う一方で、何かとても大切なものを失ってしまった気分でした。

「音の響き」といえば、擬音語《オノマトペ》や擬態語にも子どもたちはよく反応します。

向こうの方から大きな桃が
どんぶらこっこ　すっこっこ　どんぶらこっこ　すっこっこ
と流れてきました

（『桃太郎』幼いころ、母から聞いたもの）

ごきぶり五郎兵衛　ゴロゴロベエ
ごきぶり五郎兵衛　ゴロゴロベエ
食ったらまずいぞ　ゴロゴロベエ
腹も下《くだ》すぞ　ゴロゴロベエ

（『ごきぶり五郎兵衛物語』川手作より）

どっどど　どどうど　どどうど　どどう、
青いくるみも吹きとばせ
すっぱいくゎりんも吹きとばせ
どっどど　どどうど　どどうど　どどう

（『風の又三郎』宮澤賢治作より）

実際声に出してみるとよくわかりますが、オノマトペはリズムよく語られることを強く欲する言葉でもあります。

ここでの《リズム》とは四拍子のことで、諸民族に共通する人類普遍のものです。それはなぜなら人間の生命のリズム、すなわち「呼吸と脈拍」に深く関わっているからです。《響き》とは子母音です。子母音には発声されるべき位置や、音の色合いがあります。さて、譬《たと》え話になりますが、《リズム》が生き生きと、子母音の《響き》が豊かに発声されると、その〈音のきらめき〉に「言葉の精霊」が飛び乗ります。リズムと美しい響きによる言葉を発したならば、精霊たちは〈音の仔馬《こうま》〉に乗って歓声をあげながら遊ぶのです。

「言葉に精霊が宿る」と古来言われていることですが、私が申し上げたかったことは、言葉の《リズムと響き》に「勢いや力」というものが確かにあって、それが子どもたちには大切な心の糧となるということです。

物語を形成する素材である《リズムと響き》こそが子どもたちにとって最も大切なものであると深く知るに到ったのは、自閉症の子どもたちのおかげです。彼らが教えてくれたのです。

ドイツの治療教育施設で働きはじめたころ、自閉症の子どもらとうまく心を通わせることができませんでした。それは彼らのことをわかろうわかろうとしていたからです。

ところがあるとき、自閉症も含め、施設の子どもたちと、風が互いの身体を吹き抜け合うような体験をしました。それは親子や夫婦、親友の間に生ずる固い絆のようでした。

そのような状態になるのは、限られたときでした。彼らと詩を共に語り、彼らに「物語を聞かせている」ときに、城の門がふと開くときがあるのです。初めは気がつきませんでしたが、そのうちにそうなるときにはその予感がするようになりました。そこで門の前で静かに待ち、開いた瞬間にすべり込むようにはいるのです。

そのような体験をドイツ、そして日本でも重ねるうちに、自閉症の子どもたちが、どんなお話を好むのかが感じられるように、すなわち自閉症の子どもの内に生きる物語が読み取れるようになってきました。

そしてそれは、《言葉のリズムと響きそのもの》でした。

第一章Ⅳに紹介した『鬼たちの粥《かゆ》』。このお話は子どもたちがとても喜ぶもののひとつなのですが、そのまま語ったのでは自閉症の子どもたちはあまりよく聞けないのです。

けれども次章「楽しいうたばなし」に記したように唱え言葉にして唱えれば、彼らは途端に生き生きとしてきます。

つまり彼らは話の内容を聞いて理解しているというよりは、話のリズムと響きに自らの内のリズムと響きを《共振》させているのです。

そしてこれこそが物語の「究極」の姿なのだ、すなわちリズムと響きこそが、物語の中に生きる原像の中の原像なのだと思い当たりました。

言葉をよく話すようになるまでの小さい子は、自閉症であろうとなかろうとどちらにせよ非常に感覚的に生きているのであり、物語も意味内容よりはリズムと響きで聞いています。それが、言葉が操られ、記憶や学習が生じ、周囲の人や事物との関わりに序列や差異や意義をつけるようになると、それをする健常児と、それをしないか、あまりしない自閉症児との間に際立った違いが見て取れるようになります。

健常児が物語をリズムと響きだけでなく、その意味内容で理解し楽しむようになるのに対し、自閉症児はいまだ変わらずリズムと響きで聞きつづけるのです。自閉症とはですから

「いつまでも子どもの心を忘れない人々」

「いつまでもリズムと響きで生きている子ども」

のことです。

そして健常児はそれらを受け止める〈感覚〉が徐々に鈍くなってゆくのですからなおのこと、小さなころに「うたばなし」や次に挙げる「わらべうた」を体験することはとても大切なことなのです。

Ⅱ．わらべうたからうたばなしへ

「わらべうた」は、「うたばなし」よりもさらに音楽的で純粋なものです。少しだけ参考のために触れておきましょう。

今ここで取り上げている主題から言えば、優れた「わらべうた」はみな、《美しいリズムと響き》によってでき上がっていますので、自閉症の子どもはみな好みます。そしてそのリズムと響きの力によってどんどん元気になってゆきます。

その「わらべうたのリズム」について、沖縄の二人の男の子の話をしましょう。二人ともとても鋭敏な感覚を持っている少年です。

恭兵くんはわらべうたをみなで輪になって歌っているとき、何かの拍子でリズムが崩れかかってもその後必ず修正して戻します。

一匁目《もんめ》のイー助さん　イの字がきらいで
一万一千一百石《いっぴゃっこく》　一斗一斗一斗豆
お倉に納めて　二匁目に渡した

二匁目のニー助さん　……

と続いてゆきます。この「数え唄」を、私たちはお手玉をひとつ隣へ隣へと渡しながら歌ってゆくのですが、途中で誰かが渡しそこねるか受け取りそこねるかして落とし、あるいはちょっと言いよどんで、お手玉がリズム通りに受け渡されなくなることがあります。そんなとき私たちは一瞬でも歌うのを止め、リズムを合わせてもう一度、となるのですが、恭兵くんはそれをせずとも、歌いながら徐々に元のリズムに戻してゆくことができます。

道暁《みちあき》くんは別の二つのリズムを同時に扱うことができます。

コロ　ベレー　セテカリ　ナー
ヘコ　トゥンケー　ヘーチウ　ヤン
カムイ　ホーブニ　ナー
ヘーコー　トゥンケ　ヘー　チュイ！[*1]

アイヌ・ウタリのうたです。これを私たちは手のひらの上に貝殻を大小並べそれを交互にたたいて拍子をとって歌っているのですが、道暁くんは異なる拍子でうたと貝殻打ちを同時にすることができます。

例えば右のうたの一行を四分の四拍子で二小節分歌うとします。

普通はそのとき貝殻を交互に、合わせて八回たたくのですが、道暁くんは正確に九回たたくことができます。

実はこのうた、三行目の拍数がひとつ減り、ただでさえリズムの取りにくいものなのですが、道暁くんはものともせず、本来七回たたくべきところを八回（厳密には七＋八分の七回）たたくのです。

ちょっと込み入った話で、実際見ていただければすぐわかることなのですが、自閉症の子どもたちの類稀《たぐいまれ》なリズム感についてお話ししたかったのです。

わらべうたの《豊かなリズム》を持ちながら、物語の面白さを加味されたものが、「うたばなし」です。

言葉の持っている両世界、つまり形態と内容、目に見えないところ（精神性）と目に見えるところ（物質性）、を調和させ融合させたものが「うたばなし」であり、そこには物語のひとつの「究極の姿＝理想」が目指されています。

「究極の姿」といっても、子らの心にわかりやすく、その心が生き生きとするからこその「究極」です。

それでは実例を次章に挙げましょう。そしてみなさんも是非、ご自身なりにつくってみてください。

＊1　『イフンケ』（安東ウメ子、チカルスタジオ制作ＣＤ）の第四曲目、イヨマンテウポポ（熊送りのときに歌うウポポ）

●第五章●

楽しいうたばなし

Ⅰ．鬼たちの粥《かゆ》うたばなし

十二のお話のうちの四番目『鬼たちの粥』のうたばなし版です。自閉症の女の子のために改作しました。

楽しく動きもはいっていて、ごっこ遊びのようにしながらできます。実際に私たちがどういう身体の動きをしているのか、どんな調子で唱えているのかはなかなか紙面では伝えにくいのですが、できる限りの説明を試みました。あとはみなさんなりの工夫と想像力で試みてください。書かれてあることはあくまでも参考と思ってください。

大切なことは
生き生きと
楽しく
元気よく
です。

〈旋律はなく、リズム豊かに調子良く唱える〉

〈輪になって立ち〉

ある日鬼たちやって来て　〈ひとさし指で頭に角を立て〉

太郎おまえを食べちゃうぞ　〈食べる所作〉

そこで太郎は考えた　〈その場でくるりとひと回り〉

柴《しば》を刈ってきてください　〈片手で枝を押さえ、片手の鎌で刈る—所作①〉

芋《いも》を掘ってきてください　〈掘り起こす—所作②〉

塩を運んできてください　〈塩袋を肩で運ぶ—所作③〉

よっしゃー、わかったー！と言って鬼たちは、たくさん運んできてくれました

鬼たちはヘットヘト　〈柴刈りの所作①弱々しく〉

鬼たちはクッタクタ　〈芋掘りの所作②疲れ果て〉

鬼たちはフッラフラ　〈所作③塩袋ずっしり重くふらふら〉

そこで太郎は鬼たちにおいしいおいしい芋粥を

たくさんつくってあげました

☆

〈車座に坐って〉

薪《たきぎ》を重ねて　〈重ねる〉
火をつけて　〈火を起こす〉
大きなお鍋を　〈お鍋係の子が運んでくる〉
ヨイコラショ　〈火にかける〉
お水を入れて　〈お水係の子が運んでくる〉
ザザザザザー　〈鍋に水を注ぐ〉
お芋を入れて　〈お芋係の子が運んでくる〉
ゴロゴロゴロゴロ…　〈芋を鍋に入れる〉
芋粥芋粥おいしくなあれ　〈片手で鍋の形をつくり、片手で鍋の中をかき交ぜる―所作④〉
芋粥芋粥おいしくなあれ　〈同右〉
〈味見する〉〈腕組みしながら〉うーん、何かが足りないぞー
〈手を叩いて〉そうだ、鬼たちの運んでくれたお塩があった
パラパラパラパラ　〈振りかける〉
芋粥芋粥おいしくなあれ　〈所作④〉
芋粥芋粥おいしくなあれ　〈同右〉
〈もう一度味見する〉うん、おいしいおいしいおいしい

ボーノ、ボーノ　〈頬をひとさし指でつつくイタリア風所作〉
鬼さーん、お粥ができましたよー！　〈呼びかける〉
ドヤドヤドヤ　〈鬼たちがドヤドヤやって来る様子を両手のひらを下に向けて表現する〉
いただきまーす
〈ものすごい勢いで食べる〉ムシャムシャムシャ…、ガブガブガブ…、ガリガリガリ…、モグモグ
モグ…、モリモリモリ…、ゴクゴクゴク…
ごちそうさまでした

☆

〈立ち上がって〉
ああうまかったー、うまかったー　〈踊る〉
こりゃあ人の子よりうまい　〈食べる所作〉
今度も腹がへったなら　〈腹を撫《な》でる〉
うまい芋粥炊いてくれ　〈所作④〉
芋は掘ってきてやるぞ　〈所作②〉
柴も刈ってきてやるぞ　〈所作①〉
塩も運んできてやるぞ　〈所作③〉

ああうまかったー、うまかったー　〈踊る〉
ああうまかったー、うまかったー　〈同右〉
お・し・まい！

Ⅱ．きつねさん、かみさま

小さいころ、祖母のしてくれた、きつねに化かされたお話があります。それを基にまず『何度行っても同じ道』という物語にしました。

そしてさらにうたばなしにしたものです。

うたと語りの部分に分かれていますが、特に語りのところは小気味よいリズムで語ってください。各連最終行の

きつねの金造に違いない
たぬきの田吾作に違いない
からすの勘三郎に違いない

うさぎのおいき姉さんに違いない

のところは充分に抑揚をつけ、金造の「キ」と「ン」は極端に低く「ン」はそこからずり上げて極端に高い「ゾウ」につなげる。同じく田吾作の「タ」と「ゴ」は極端に低く「ゴ」はそこからずり上げて極端に高い「サク」につなげる。勘三郎の「カ」と「ン」は極端に低く「ン」はそこからずり上げて極端に高い「ザブロウ」につなげる。おいき姉さんの「お」と「い」は極端に低く「い」はそこからずり上げて極端に高い「き姉さん」につなげるのです。是非言葉本来の力で、地の底から天の高みまで昇っていってください。
「おいき姉さん」が言いにくければ、これは祖母からの話が基になっているので記念にその名の「いき」を入れただけですから、うさぎのピョン吉でもピョン子姉さんでもかまいません。

〈輪になって坐り、歌う〉
きつねさんやきつねさんや神さまや　〈両手をきつねの耳にして動かす—所作①〉
私の供えた油揚げ　〈両手をおがむように合わせて上下に四回振る〉
お納めくだせい　お食べくだせい　〈同右〉
きつねさんやきつねさんや神さまや　〈再び所作①〉

〈語り〉
ある晩淋《さび》しいすすきの原をばさまがポコポコ歩いていると
なぜだか元に戻ってしまう
ポコポコポコポコポコポコポコポコ
アレアレアレアレアレアレアレアレ
これはここらのすすきの原の
きつねの金造に違いない
きつねさんやきつねさんや神さまや　〈所作①〉

〈うた〉
たぬきさんやたぬきさんや神さまや　〈両手を握ってたぬきの耳にして動かす所作―所作②〉
あなたの立派な腹太鼓　〈腹をポンポンたたく―所作③〉
ポンポコたたいて見せてくだせい　〈同右〉
たぬきさんやたぬきさんや神さまや　〈所作②〉

〈語り〉
ある晩お山の古寺で和尚さんが木魚をポコポコたたいていると
庭の方でもポンポコポコポン音がする
ポンポコポコポンポンポコポコポン
アレアレアレアレアレアレアレアレ
これはここらの藪《やぶ》に棲む
たぬきの田吾作に違いない
たぬきさんやたぬきさんや神さまや　〈所作②〉

〈うた〉
からすさんやからすさんや神さまや　カァ　〈両手を翼にしてヒラリヒラリする―所作④〉
黒い眼《まなこ》を光らせて　〈額に右手をかざして遠くを見るように〉
世の中見渡し守りくだせい　〈額に左手をかざして遠くを見るように〉
からすさんやからすさんや神さまや　カァ　〈所作④〉

〈語り〉

ある日山道歩いていると迷ってしまって立ち往生

するとカァカァ声がする

カァカァカァ道はこっちだカァカァカァ

カァカァカァ里はこっちだカァカァカァ

これは山の奥に棲む

からすの勘三郎に違いない

からすさんやからすさんや神さまやカァ　〈所作④〉

〈うた〉

うさぎさんやうさぎさんや神さまや　〈両手を頭上に伸ばして、うさぎの耳を動かす―所作⑤〉

十五夜お月さんへ還ったら　〈両腕を前方へ伸ばし、両手のひらを上下に合わせて上下の位置を替えながら四回たたく〉

お餅をペッタンおつきくだせい　〈同右〉

うさぎさんやうさぎさんや神さまや　〈所作⑤〉

〈語り〉
ある晩まんまるお月さま
さやかに輝き美しい
するとペッタン音がする
ペッタンペッタン黄金《きん》のお餅をペッタンコ
ペッタンペッタン子どもら食べろよペッタンコ
これはお月さまに棲む
うさぎのおいき姉さんに違いない
うさぎさんやうさぎさんや神さまや　〈所作⑤〉

〈素早く歌う〉
きつねさんやきつねさんや神さまやコンコン　〈所作①〉
たぬきさんやたぬきさんや神さまやポンポン　〈所作②〜③〉
からすさんやからすさんや神さまやカァカァ　〈所作④〉
うさぎさんやうさぎさんや神さまやピョンピョンピョンピョーン
〈所作⑤〜立ち上がって、うさぎのようにピョンピョンはねる〉

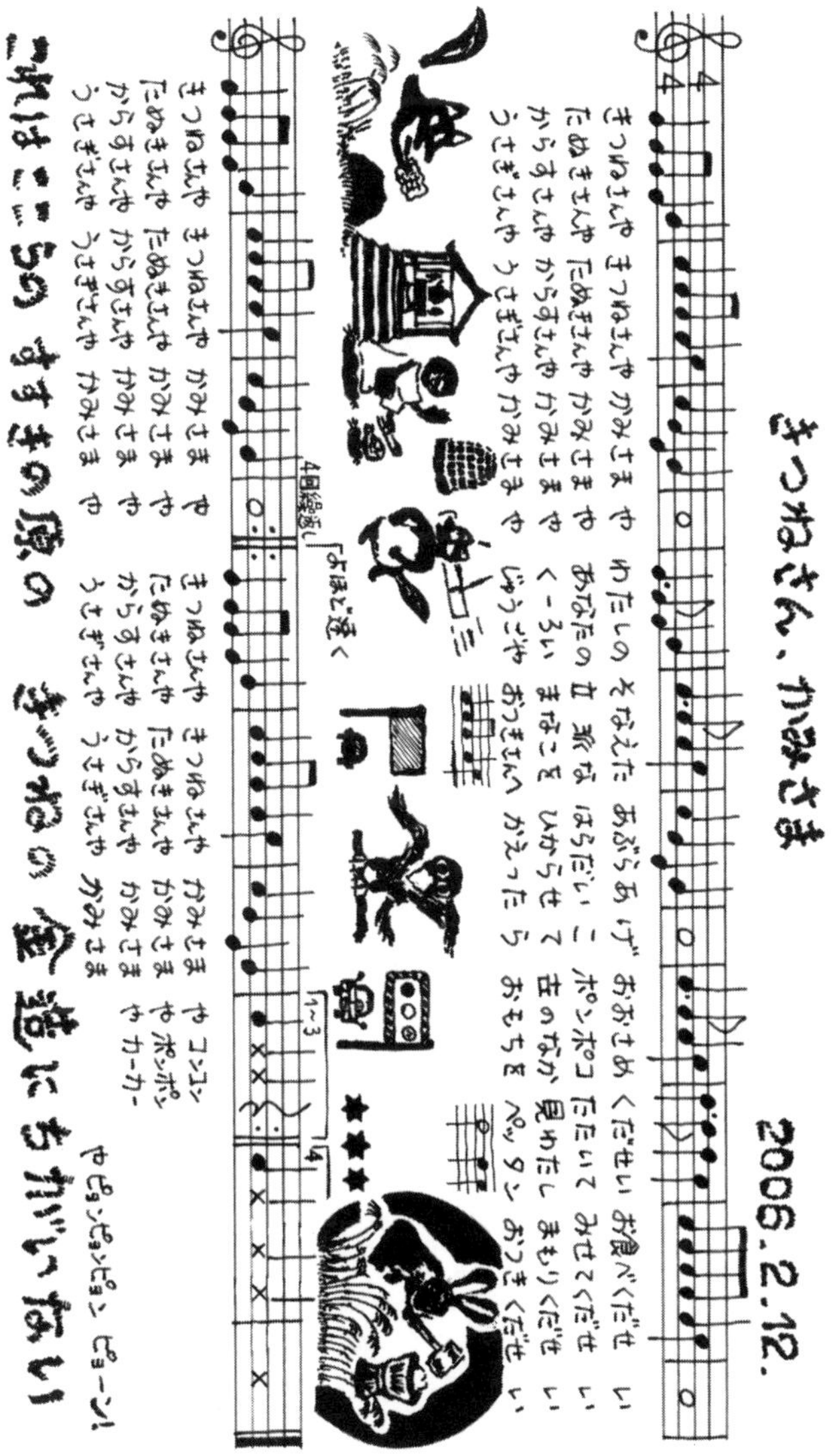
きつねさん、かみさま
2006.2.12.
きつねさんや きつねさんや かみさま や わたしの そなえた あぶらあ げ おおさめ くだせい お食べくだせ い
たぬきさんや たぬきさんや かみさま や あなたの 立 派な はらだい こ ポンポコ たたいて みせてくだせ い
からすさんや からすさんや かみさま や くーろい まなこを ひからせ て 森のなか 見わたし まもりくだせ い
うさぎさんや うさぎさんや かみさま や じゅうごや おつきさんへ かえったら おもちを ペッタン おつきくだせ い
4回繰返し
よほど速く
1~3
4
きつねさんや きつねさんや かみさま や きつねさんや きつねさんや かみさま や コンコン
たぬきさんや たぬきさんや かみさま や たぬきさんや たぬきさんや かみさま や ポンポン
からすさんや からすさんや かみさま や からすさんや からすさんや かみさま や カーカー
うさぎさんや うさぎさんや かみさま や うさぎさんや うさぎさんや かみさま
やピョンピョンピョン ピョーン!
これはここらの すすきの原の きつねの金造にちがいない

Ⅲ．歳神《としがみ》さまのうたばなし

この話はまず宮城県で採集されたものを基に、一・二部仕立てで長めの物語にしたものを、さらに芝居の中の劇中劇に仕立てました。そのときつくったうたが基になっています。

〈語り〉
昔むかしあるところに歳神《としがみ》さまという神さまがおりました
人やけものや虫たちに歳を配るため村中の家々を巡り歩いておりました
「歳神さまー歳をくださーい」
（車座に坐っているうちのひとりが歳神さまになって歳を配り、他のみなが食べる）
こうして歳神さまは歳を配り歩いておりました
〈うた〉
河の向こうは　人の世の　〈両手二本の櫂《かい》で舟を漕《こ》ぐ〉
苦しみ哀しみ　しがらみを　〈同右〉
歳を配って　ひとりずつ　〈同右〉

幸せ授けて　引き替える　〈同右〉
ヤモリも　〈両手を前足にして壁を這《は》うように〉
おけらも　〈両手を前足にして地面をかくように〉
うたい踊って　祝うよ　〈踊る手の所作〉
じさまも　〈右手に杖を持ち、左手で顎の下の白ひげをつまみ撫《な》でる〉
ばさまも　〈杖を持って、腰に手を当て〉
みんなそろって　祝うよ　〈年老いた者の踊る手の所作〉

私もこうして　若返る　〈両手で棹《さお》一本を握り、左に四回水に棹さす―所作①〉
望みも願いも　今叶《かな》う　〈同じく右に四回水に棹さす―所作②〉
歳神さまの　怠け癖　〈所作①〉
治れば尊き　めでたさよ　〈所作②〉
ネズミも　チューチュー　〈ネズミの所作〉
ゴキブリも　シャカシャカ　〈ゴキブリの所作〉
「忠太郎に五郎兵衛、ここにも来てたな」　〈科白《せりふ》として〉
うたい踊って　祝うよ　〈ゴキブリの踊る所作〉

ひまごも　〈右手のひらを地面に近づけて背の低い感じ〉
やしゃごも　〈さらに手のひらを地面に近づけてさらに低く〉
みんなそろって　祝うよ　〈幼な子の踊る手の所作〉
あそれ
〈立ち上がって輪を巡りながら踊る〉
するりするりの　すりするり
するりするりの　すりするり
するりするりの　すりするり
するりするりの　めでたさよ
ドンツクツクテン　ピーヒャララ　〈太鼓と笛〉
トンツクカッカの　チンチロリン　〈太鼓と太鼓のへりと鈴〉
囃《はや》し鳴らせば　草も木も　〈再び巡り踊る〉
羊歯《しだ》苔《こけ》巌《いわお》も　踊り出す　〈巡り踊る〉
山河《やまかわ》湖《みずうみ》　うたい出す　〈同右〉
千客万来《せんきゃくばんらい》　めでたさよーっと　〈同右、そして下から両手で持ち上げるようにしてから、手を一拍手〉
おしまい

昔むかし
歳神さまという神さまがありました。
村中の家々を巡り歩き、人や獣や虫たちに
歳を配っておりました。
「歳神さまー、おいしいおいしい歳くださーい。
ムシャムシャムシャ……」
歳神さまのうた 2008.1.5.
かわの向こうは ひとの世の くるしみ かなしみ しがらみを としをくばって ひとりずつ しあわせさずけて ひき替える
わたしもこうして わかがえる のぞみも ねがいも いまかなう 歳がみさーまの なまけぐせ なおれば とうとき めでたさよ
やもりも おけらも うたいおどって いわうよ じさまも ばさまも みんなそろって いわうよ
ねずみも（チューチュー） ごきぶりも（シャカシャカ） うたいおどって いわうよ ひまごも やしゃごも みんなそろって いわうよ（アソレ）
するりするりの すりするり するりするりの すりするり するりするりの すりするり すーるりするりの めでたさよ
ドンツクツクテン ピーヒャラう トンツクカッカの チンチロリン はやし鳴らせば くさも木も
羊歯こけいわおも おどり出す やまかわ みずうみ うたい出す せんきゃくばんらい めでたさよーっと！

Ⅳ．ごきぶり五郎兵衛うたばなし

ある日、品川の研究所の床をシャカシャカ走っているゴキブリを見ていたらなんだか急に可哀そうな気持ちになって『ごきぶり五郎兵衛物語』ができ、そこから芝居になり、そしてうたばなしになりました。

「追いつ追われつ」もまた、物語を構成する大切な要素で、それは大自然の知恵である食物連鎖すなわち「生きることと死ぬこと」です。

それでは調子よろしく始めましょう。〈語り〉は七七～七五調で歯切れよく。〈唱えことば〉は四拍子で元気よく。〈うた〉は楽譜を参照してなめらかに、しかし歌いすぎず、いくらか語るように。会話はいくらか芝居がかって。

〈語り〉

昔むかしのほんとの昔　ごきぶり五郎兵衛おりました
人間どもやけものども　虫たちからも嫌われて
屋敷の廊下　天井を　逃げてまわっておりました

〈唱《とな》えことば〉

ごきぶり五郎兵衛　ゴロゴロベエ

ごきぶり五郎兵衛　ゴロゴロベエ
食ったらまずいぞ　ゴロゴロベエ
腹も下《くだ》すぞ　ゴロゴロベエ

ごきぶり五郎兵衛　ゴロゴロベエ
ごきぶり五郎兵衛　ゴロゴロベエ
おまえを　触《さわ》るくらいなら
糞《くそ》を丸めるほうがいい

ごきぶり五郎兵衛　ゴロゴロベエ
ごきぶり五郎兵衛　ゴロゴロベエ
便所の番人　ゴロゴロベエ

〈右手を開いて前へ押し出し左手を握って手前に引く、左手を開いて前へ押し出し右手を握って手前に引く、を三回半―所作①〉

〈①〉
〈左手で腹をさすりながら、右手で食物を口の中へ放り込む〉
〈左手で腹をさすりながら、右手で尻から下す所作〉

〈①〉
〈①〉
〈左手の甲を右手のひらで撫《な》でる〉
〈両手のひらで上下から団子を丸めるような所作〉

〈①〉
〈①〉
〈右手で昔の水洗便所にぶら下がっていた鎖ひもを四回引く〉

ひとりぼっちだ　ゴロゴロベエ　〈左手に槍を持ち、淋しげに首を四回縦に振る〉
ごきぶり五郎兵衛　ゴロゴロベエ　〈①〉
ごきぶり五郎兵衛　ゴロゴロベエ　〈①〉

〈会話〉
わっ、また現れたな
このバイキン運びめ！
今度こそつかまえるぞ、それっ
逃げろー
こらまてー　助けてくれー　〈甲を外へ向けた右手のひら追い、甲を内へ向けた左手のひら逃げる—所作②〉
こらまてー　助けてくれー　〈甲を外へ向けた左手のひら追い、甲を内へ向けた右手のひら逃げる—所作③〉

〈唱えことば〉
ゴロゴロゴロベエ　ゴロゴロベエ　〈両手を三回握って一回前方へ向けて開く—所作④、二回握って一回開く—所作⑤〉

ゴロゴロベエ　ゴロゴロベエ　〈④、⑤〉
ゴロゴロベエベエ　あぶら症　〈両手を二回握って二回開く――所作⑥、べたついた両手を擦り合わせる〉
ゴロゴロベエベエ　心配性　〈⑥、両手を合わせて縦に振り、心配げに首も縦に振る〉

ゴロゴロゴロベエ　ゴロゴロベエ　〈④、⑤〉
ゴロゴロゴロベエ　ゴロゴロベエ　〈④、⑤〉
ゴロゴロベエベエ　あてどなし　〈⑥、右ひとさし指を付き立て、くるくる回しながら右斜め前方へ伸ばしてゆく〉
ゴロゴロベエベエ　よるべなし　〈⑥、左ひとさし指を突き立て、くるくる回しながら左斜め前方へ伸ばし、右ひとさし指で左ひとさし指の先を擦り切る〉
ゴロゴロベエベエ　ゴロベエベエ　〈⑥、両手を一回握って二回開く――所作⑦〉
ゴロゴロベエベエ　ゴロベエベエ　〈⑥、⑦〉

〈語り〉
五郎兵衛屋敷を逃げ出して　〈右手親指から薬指まで四本を虫の足に見立てて床を這わせる〉
外の道へと出たならば　〈ひとさし指と中指を触覚に見立てて左右を窺う〉

大きな鳥が飛んできて　〈鳥が羽をはばたかせる〉
月へ運んでいったとさ　〈両手で上方へ運んでゆく〉
ぁ行ったとさ　〈額に手をかざして月の方向を見やる〉

〈うた〉
ごきぶり五郎兵衛　黒びかり　〈①〉
ネズミの忠太郎　ねずみいろ　〈両手を叩き合わせ、隣の人と叩き合わせる、を四回〉
五郎兵衛　忠太郎に追いかけられる　〈①〉
こら待てーこら待てーこら待てー　〈所作②③のように両手のひらを裏と表に開いて並べ、それぞれ追いかける役と逃げる役に見立てて右から左、左から右、右から左と移動させる——所作⑧〉

〈うた〉
銀バエ銀次郎　銀ごろも　〈ハエが手を擦り合わせる所作〉
ヤモリの八十吉《やそきち》　水玉模様　〈ヤモリが壁を這う所作——⑨〉
八十吉銀次郎を　追いかける　〈⑨〉
こら待てーこら待てーこら待てー　〈⑧〉

〈語り〉

月へ還った五郎兵衛は　〈走るときのように両腕を両脇で前後に振る〉
みなの暮らしを見ています　〈右手を額にかざして見下ろす〉
虫やけものを見ています　〈左手を額にかざして見下ろす〉
父さん母さん見ています　〈両手を望遠鏡のようにして見下ろす〉

泥棒警察に　追いかけられる　〈隣の人と手をつないで前後に振る、を四回—所作⑩〉
私は影法師に　追いかけられる　〈⑩〉
父さん母さんに　追いかけられる　〈⑩〉
こら待てーこら待てーこら待てー　〈⑧〉

月は太陽に追いかけられる　〈両手で頭上に輪をつくる—所作⑪〉
小鳥は雲に　追いかけられる　〈小さな羽で飛ぶ〉
天使は子どもを　追いかける　〈大きな翼で飛ぶ〉
こら待てーこら待てーこら待てー　〈立ち上がり、みなで追いかけっこ〉

〈語り〉

人とけものの生きる道
〈左はひとさし指と中指で人が歩く所作、右手は動物が吼えて口を開くよう〉

追いかける者　られる者
〈②〉

ああ世の中の哀しみよ
〈右手左手と胸に重ね、左右に上体を揺らす〉

憐れゴロベエ　月の中
〈①の所作中一回行い、⑪〉

おしまい

ごきぶり五郎兵衛の唄
WELCOME
2007.7.2.
1 ごきぶり五郎兵衛 くーーろびかり ぬずみのちゅう太ろう ねーーずみいろ 五郎兵衛忠太ろうに 追いかけられる
2 ぎんばえ銀次ろう ぎーーんごろも やもりのやーそきち みずたまもよう ハナきち銀次ろうを 追ーーいかける
3 どろぼう警さつに 追いかけられる わたしはかげぼう師に 追いかけられる とうさん母さんに 追いかけられる
4 つきはたいようにに 追いかけられる 小とりはくーもーに 追いかけられる てん使は子どもを 追ーーいかける
×3
ごきぶり五郎兵衛うたばなし

第六章

子どもたちにお話を語るにあたっての留意点

ここでは「お話の現場」から出されると思われる疑問にお答えしたいと思います。以下いずれも物語の本質に関わることです。物語の森の中へさらに分け入ってゆきましょう。

I．年齢に応じてふさわしい物語はあるのか

厳密に言えば、あります。

① 言葉を覚えはじめ、覚えたての小さい子ども――うたばなし、わらべうた

言葉を意味内容ではなく、《リズムと響き》でとらえている、極めて重要な時期です。あっという間に過ぎ去ってしまいますので、第四章・第五章を参考にして、母子ともどもたっぷり「うたばなし」と「わらべうた」を楽しんでください。

② ものごころついてから四、五歳まで――母（または母性を担うもの）が自ら創った創作物語

小さな子どもたちにとっては母がすべて、そして母にとってもその時期は子がすべてなのですから、その「一心同体」の中で、子どもの内に響く物語は、なめらかに母の中へと流れ込んできます。それを母親なりの口調で語り「返して」あげてください。本書全体を貫く主題でもあります。

③ 三、四歳から七、八歳まで——土地や日本に伝わる昔話、あるいは優れた創作話

「幼児」と呼ばれるこの時期は、子どもが言葉に対する能力を驚くべき早さと豊かさで身につけてゆくころです。美しい言葉、美しいものに浸ることが重要であり、伝統的な昔話が最もふさわしいと思われますが、その再話がしっかりと為されていない場合は、優れた響きの「創作話」のほうがよいでしょう。

④ 七歳から十歳ぐらいまで——異文化圏の物語、あるいは異文化のことを題材にした創作話

就学年齢児くらいになると、それ以前とは見違えるほど周囲の人や事物に対する意識が発達し、諸感覚も外へ外へ向けられるようになります。この時期には異文化と出遭うことの喜びが体験できるようになりますので、異文化圏や海外の民話・童話がふさわしく思われます。そしてもしできれば、近いところから…。つまり沖縄（沖縄の人にとっては他地方）、アイヌ・ウタリ、韓国・朝鮮半島、東アジア、アジア、そして欧米を含むほかの文化圏へ、というように。ただしここにも前項と同様の問題が横たわっています。原作の

「力と勢い」、《リズムと響き》を活かすことのできた翻訳は極めて稀《まれ》なのです。よいものが見つからない場合は、異文化の雰囲気を持つ「創作話」のほうがよいと思います。

⑤ 九、十歳以上――演劇

本書で取り上げることはできませんでしたが、演劇も子どもの教育にとって極めて重要なものです。まずは、昔話・物語を聞いている子どもらが、自ずと身体を動かし登場人物を演ずるようになることが理想です。そしてその萌芽は、すでに「ごっこ遊び」の中に芽吹いているのです。

右に記したことは教条的になりがちで現場にそぐわないことも出てきますので、指針・参考程度に思ってください。

例えば私どもの研究所のように、小さい子から大きい子までいっしょにお話を聞くということがある場合、もし右記の理論を忠実に実行するなら、一人ひとりの子を別々の部屋に連れていかなければならないことになります。

伝統的な子沢山《こだくさん》の地域社会においても、お話の上手な爺さん婆さんのところに小さな子から老人まで集まるという文化があったわけですから、優れて美しい物語は、年齢のことをあまり気にせず語ってかまわないと思います。子どもらはそれぞれに必要なものを受け取るでしょう。

Ⅱ．伝承昔話を取り上げるには

本書は、《母親が子どもの心に生きる物語を聞きとって、母自身が自らの言葉で語る物語》の大切さについて述べてきました。そこで当然疑問になるのが伝承昔話の扱いです。前項でも年齢に応じてふさわしい物語があり、三、四歳から七、八歳までの子どもには日本の昔話がよいと記しています。

確かに幼児期の間、歯の生え変わる時期までに、土地や民族に伝わる優れた昔話に触れることは、子どもの成長にとって極めて重要です。やはり前項で「言葉に対する能力を驚くべき早さで身につけてゆく」としたように、この時期に土地の言葉（いわゆる方言）と日本語は昔話によってより一層の豊かさと細やかさで自らのものとなり、それに加えて昔話に描かれる風物は、郷土人そして日本人としての確固とした人格形成の基盤となるでしょう。

ただしここでひとつ問題があります。そしてこの問題も前項に記しておきました。すなわち「再話」についてです。

かつては「伝承」昔話と呼ばれる通り、お話は母から子、祖父母から孫へと口伝えで「伝承」されていたのです。あるいは近所に「話の宝庫」と呼ばれるような語り手のお婆さんがいて、そこへ子どもたちから老人まで集まって昔語りを楽しむというような風景があったのです。ところがそのようなことは、本当に残念なことなのですが、極めて稀になってしまい、つまり「昔話口承」の文化はほとんど死に絶えてしまったといってもいいでしょう。

それでも幸いなことに、柳田國男（一八七五～一九六二年）や佐々木喜善《きぜん》（一八八六～一九三三年）のような民俗学者・昔話研究家／採集者が現れ、消えゆく途上にある物語・民話を、「宝庫」と名高い語り手たちから聞きとり、書き記したのです。このような気運は全国に広がり、各地に民話採集の会のようなものができて、「民話文学」と呼ばれる学術研究部門《ジャンル》までができ上がりました。

彼ら先達の為された労は、「民族文化の守護」として高く評価されるべきですし、深く敬意の払われるものです。

そこで実際の現場について、つまり昔話を語る、子どもに聞かせることについて話を移します。

それら採集者の地道な作業によって私たちが手にする昔話の数々ですが、それをそのまま子どもたちに語り聞かせることはできるのでしょうか。

採集された民話・昔話には、使っている言語の観点から大きく分けて二種類あります。

まずひとつは語られたそのままを忠実に書き留《と》めたもの。

これは方言そのままに記されています。ですから、その方言のできる人が語るのには何の問題もありませんし、それどころか郷土文化を「伝承」するひとつの新しい形、つまり家族間や地域内での直接口承ではないけれど、書かれた文字に再び生命を吹き込むという新しい方法として、大切な「文化伝承」の役割を担ってゆくでしょう。

けれども方言という微妙な音の表現は、他地方に育った者にはなかなか真似することができません。そうなると土地の民話はその土地に育った人か、その土地の言葉がほぼ完全に使いこなせる人に限られてしまい、それはごく少数にとどまってしまいます。

さて採集されたもののうちのもうひとつの種類は、すでに再話が為されたものです。これらは標準語で、あるいは標準語に極めて近い形で記されていますので、日本語のできる人なら誰にでも読めます。

ところがそれをそのまま子どもに語り聞かせることは、たいへん残念ながら、ごく稀な例外を除いては、ためらわれるのです。

というのも、方言を標準語に直した時点で、言葉の持つ本来の《リズムと響き》が失われてしまうからです。書かれたものをそのまま子どもたちに読んで聞かせても、もちろん内容は伝わり、そしてその「豊かな内容」によって子どもたちの心は、確かに「豊か」になります。

けれども本書がこれまで一貫して伝えてきた、物語の最も重要な要素である《リズムと響き》

はもうそこにはありません。《リズムと響き》の失われた物語は、ただ知的な情報伝達になりかねません。それらを再び取り戻すには、いったん採集されたもの、あるいはいったん標準語に再話されたものを、今一度語調を整え、言葉を選びなおすこと、つまり《リズムと響き》の蘇生が必要になります。

《生き生きしたリズムと美しい言葉の響き》は、子どもたちの生命《いのち》の力にそのまま働きかけ、感性を豊かにし意志を励まします。

「おはようございます」

を明るく元気に言うのと、投げやりに、またはボソボソと言うのを比べてみてください。――ごく簡単な日々の挨拶《あいさつ》でもその発声の仕方によって人の心と身体にまったく違って働くのです。ましてや、子どもの心にとっての大切な糧である物語、その物語の再話において「《リズムと響き》の生き生きとして美しくあること」が極めて重要であることに疑いはありません。

「稀な例外」と述べました。優れた再話がないわけではありません。

そのひとつに先ほど名の挙がった佐々木喜善の『聴耳草紙《ききみみぞうし》』があります。佐々木による再話は言葉に心地よいリズム感と勢いがあり、声に出して読むだけで気持ちがよくなり元気になるようなお話がたくさんあります。ところが、これも実に残念なことながら、佐々木の語り口が文語的・男性的であるため、現代の母たちには相当に読みこなし語りこなすことが難しいのです。
そうなると残された道は…。実際その話を語る語り手、つまり子に語る母たちが自分で再話し直すしかありません。努力しましょう。

手元にある昔話集の中から、あ、面白いな、と目に付いたものを選びます。直観でかまいませんが、これより先の作業のことを考えてあまり長くないものを選ぶほうがよいでしょう。

さて、語調を整えてゆくにあたり、実際口に出して語ってみて、言いよどんでしまうところをなめらかに語れるように直します。このあと、ひとつの例を掲げますので参考にしてください。実際子どもに聞かせたり、他の家族を練習台にして稽古するのもよいでしょう。気持ちよく語れ、気持ちよく聞いてもらえるようになったらしめたものです。そうなればもうその話はあなたのお話も同然です。かつてどこかの子どもの心にあった物語、それが今、あなたの心に甦《よみがえ》るのです。

ヨーロッパでもやはり、「消えゆく伝承文藝採集」の時期があり、よく知られる、ドイツのヤコブ／ヴィルヘルム・グリム兄弟を始め、フランスのシャルル・ペロー、イギリスのジョセフ・ジェイコブスなど、「民族の再話者」とも呼べるような人材が登場しました。

みなさんも日本のグリム、現代のジェイコブスになってください。

豆とわらと炭

　あるところに婆《ばあ》さんがありました。ある日、おかずを煮《に》ようと思って、そら豆をひやかして（水に浸《ひた》す）しばらくたってから見に行くと、ようやわらかになっていました。鍋《なべ》に入れて煮《に》ようとしたはずみに、そら豆が一つ庭の隅へころころところがりました。婆さんは一つばかりと思って、こんどはたいつけ（焚木《たきぎ》）に藁《わら》をとって来ました。すると風がふいて一本の藁が婆さんの手からとんで、そら豆がころがって行った庭の隅へ行きました。こんども婆さんは「まあ一本ばかり」と思って、そのままにしておきました。いまもって来た藁で火をつけて仕事をしていました。すると、婆さんが知らないでいるうちに、まっかな炭がころころと落ちて、またさっきの豆のいる庭の隅にころがりおちました。

　炭と藁とそら豆の三人は、「伊勢まいりに行こう」と相談して出かけました。だんだん行くと、小さな川がありました。三人が困っていると、藁がいいことを考え出しました。「やあ、わしが一ばん長いから、わしが橋になってやる。お前さんたちがわたって、それから二人でわしを向う岸へ引きよせてくれ」といいました。これはよいことだといって、すぐに藁に橋になってもらいました。炭とそら豆とが、われ先に渡ろうとしました。そして大げんかをはじめました。けれどもそら豆がまけて、炭が先に渡ることになりました。ところが、炭は半分ばかり渡ると、こわがってどうしても先へ行くことができない。藁はあつがって、「早《はよ》うはよう」とせき立てました。せき立てるとせき立てるだけよけいに進めない。そのうちに藁はやけ切れて、藁と炭はちゅーと水の中に落ちました。そばで見ていたそら豆は、「さっきの罰《ばつ》だぞ」といって、声を出して笑いました。すると、お腹がぱちんと破けた。

困って泣いていると、そこへ裁縫屋《さいほうや》が来て「どうして泣いているのか」とたずねました。そら豆はこれまでの話をしました。裁縫屋はかわいそうに思って、「いまちょうど青糸がないから、黒糸でぬってやる」といって、黒い糸でそら豆の腹をぬってやりました。それでいまでもそら豆には黒いすじがあるそうだ。

——静岡県浜名郡

『一寸法師・さるかに合戦・浦島太郎』——日本の昔ばなし(III)

(関敬吾編　岩波文庫)

豆、藁、炭のお伊勢まいり

昔むかし、あるところにお婆さんがおりました。ある日、おかずを煮ようと思って、そら豆をひやかして、しばらくたってから見に行くと、やわらかになっていました。そこで鍋に入れて煮ようとしたはずみに、そら豆がひとつ庭の隅へころころところがりました。お婆さんは、「まあひとつばかり」と思って、そのままほうっておきました。そして今度はたきつけに藁をとってきました。すると風がふいて一本の藁がお婆さんの手からとんで、そら豆がころがっていった庭の隅へ行きました。今度もお婆さんは「まあ一本ばかり」と思って、そのままほうっておきました。そして持ってきた藁に火をつけてかまどにくべました。すると今度はお婆さんが目を放しているすきに、まっかな炭がころころと落ちて、そら豆と藁のいるところにころがってゆきました。おばあさんはまた、「まあひとつばかり」と思ってそのままほうっておきました。

さて、豆と藁と炭の三人は、仲良くなって、「いっしょにお伊勢まいりにいこう」と相談して出かけました。しばらく行くと、川がありました。橋もなく大きな川なので、三人は困っていましたが、そのうちに藁が言いました。

「これからわしが橋になるから、おまえたちは先に渡って、それから、二人でわしを引きよせてくれ」

そこで藁は身を倒して橋になりました。

まず、炭が先に渡ることになりました。ところが炭は半分ばかり渡ると、怖くてどうしても先へ行くことができません。藁は熱がって、「早く早く」とせき立てました。けれどもせき立てればせき立てるほど、かえって先へ進めません。そのうちに藁は焼けて、藁と炭は水に落ちてじゅっと音をたてました。

それを見ていたそら豆は、おかしくて、大声で笑いました。ところがあんまり大声で笑いすぎたので、お腹がぱちんとはじけてしまいました。そら豆が泣いていると、そこへ裁縫やの一兵衛さんと十兵衛さんがやってきました。一兵衛さんは、黒い糸でそら豆の腹をぬってやり、十兵衛さんは、おぼれている藁と炭を助けてやりました。そうして五人そろってお伊勢参りに行きましたとさ。(一兵衛さんと十兵衛さんは、豆と藁と炭をお伊勢さまにお供えしたそうです。)

川手鷹彦　再話

採集時における結論である、「そら豆の黒いすじの起源」はあえて外しました。教訓話・起源話の結末は、小さな子どもに必要のない論理的知性が働いてしまいかねません。[*1] 狐が狼に嘘《うそ》をついて狼を怒らせ、狼に喰われる話はあってよい。しかしその結末で「…だから嘘つきはよくありませんね」と教え諭すのは、子どもに不必要な常識人的倫理観を強いることになります。それは、子どもがお話を消化する中で自然と学んでゆく大自然の摂理とは、明らかに違うものです。同様に、海老《えび》どんが甚平鮫《じんべいざめ》の甚兵衛どんに吹き飛ばされて岩っこにあたるのは面白い。けれども「…というわけで今でも海老は背中が曲がっているのです」は蛇足です。子どもが自らの内で想像する余地をできる限り残しておきましょう。

＊1　伝承物語が土地の言葉そのままに語られる場合、結末の教訓や起源が必ずしも知的に感ぜられないことがある。私はそれを、越後民話の宝庫であった下条登美《しもじょうとみ》氏による語りの録音資料と、巻末に載せた『ふうれんもうろう』で体験した。方言の持つ言葉の力には、教訓や起源を単に知的に響かせない何かがある。伝統的な村社会において、仏教説話等も含め、昔話や物語が民衆生活の指針になっていたことにも関わるだろう。今後の研究課題である。

Ⅲ．残酷さや悪をどう処理するか、そもそも処理すべきなのか

グリム兄弟採集の物語『ルンペルシュティルツヒェン』では、お姫さまに自分の名を当てられた小人が、怒りと悔しさに、自らの身体をまっぷたつに裂きます。

悪魔がおまえに教えたな
悪魔がおまえに教えたな

小人は叫ぶと、怒りのあまり右足で地面を強く踏み鳴らし、その勢いで身体ごと地面にもぐってしまいました。そうして怒り狂って今度は左足を両手でつかみ、自分の身体をまっぷたつに引き裂いてしまいました。

『グリム兄弟によって採集された子どもたちと家庭の童話』より、川手鷹彦　訳

このような結末はむごたらしく、小さな子どもにはふさわしくないということで改竄《かいざん》するということが過去にはありました。

けれどもこの場面こそが、物語の最も重要なところで、「名まえを当てる」という人間の知

恵が自然の諸力を制御し、その諸力が形を変容し大地へ自らを解消しようという、グリム童話の中でも極めつけのひとコマなのですから、こういうところを無分別にいじくるというのは、人の犯す罪の中でも相当重いほうに属すると思います。

こういう罪人《つみびと》はたぶん、地獄の中でもとりわけ恐ろしい「つまんない地獄」というところに送られて、何にもすることがない、ただのひとつも面白いことのない荒野原《あれのはら》に放っぽり出されて千年…などということになりかねませんからご注意ください。

もうひとつこの場面の重要性ですが、ここに到って聞く子どもたちのカタルシス、つまり心の浄化、わだかまりの洗い流しということが起こる。

子どもたちが日々抱えて溜め込んでいるわだかまり、ストレス。―不当に叱られた、仲間はずれにされた、ないがしろにされた、思い通りにならない、云々…。それらが、このような優れた構造を持つ物語を聞くことを通して、まずはどんどん集められ、それどころか増幅されてゆきます。そしてそれが最後の場面に到って一挙に洗い流されるのですから、もしもそこが取られて失くなってしまったら…、ほんわかめでたし万人向けのハッピーエンドになったら…、子どもの心はどうなるでしょう。さぁいよいよ出すぞーというときに…出ない。それこそ龍神さまの百年の便秘か、さもなければ喉《のど》まで出かかってるのにどうしても思い出せない言葉のような、泥っだらけになって遊びまくって家に帰って真っ裸になってシャワーの栓ひねったら断水してたみたいな、…そんなことになってしまいます、子どもたちの心は。

さて、物語を通して、聞く子らの心にいったんストレスを増幅させている「小人」ですが、この「小人」は果たして悪か、ということについても考えてみましょう。

第一章のⅢ～Ⅵにも触れましたが、みなぎりあふれる大自然のエネルギー、君臨し荒ぶる自然の猛威が悪なら津波や地震は史上最大の悪党、怪盗ルパンか石川五右衛門でしょうし、鮫《さめ》と虎と狼は西部きっての無頼漢、木を喰い荒らすゴキブリ・白蟻《しろあり》・南京虫は犯罪組織《マフィア》になるでしょう。

けれども私たちは心のどこかでルパンや五右衛門を応援しているでしょう。芝居でも物語でも、正義の英雄よりも、悪党に親近感を覚えることがよくあるのではないでしょうか。公儀幕府よりも国定忠治《くにさだちゅうじ》、ファウストよりもメフィストーフェレス、白雪姫よりもお妃《きさき》、挙げればきりがありません。

このような感情はどこから来るのでしょうか。

通常、悪は善と対立するものと思われています。しかし、実はこの両者はそのような二元的対立関係にはなく、それどころか悪は善が過剰または不足になったものと言うことができます。

勇気が過剰になれば無謀になり、不足すれば臆病となる

誇りも度を過ぎれば傲慢となり、足りなければ卑屈となる
（アリストテレス『ニコマコス倫理学』参照）

鮫やゴキブリたちの生命力は私たち人間に比べれば過剰なわけですから、それが悪や害という概念と結びつきやすくなる理由だと思います。

けれどもみなさん、鮫の泳ぐのを見てください。本当に無駄がなく美しい。それから私はタイ国で虎の腹を撫《な》でたことがありますが、これがまた美の極致です。黒と黄色の対照《コントラスト》・配分は絶妙、ビロードよりも心地よい手ざわり。

鮫は夜の間、海面近くで星の運行を確かめながら泳ぎます。ゴキブリは一キロ先の虫の足音を聞きとることができます。

これら尋常でない美しさ、尋常でない能力に人の心が魅かれたとしても不思議ではありません。

「悪に手を染める」とはすなわち、「自らに尋常でない能力を求める」ことに深く関係しませんか？　格闘家の鍛え上げられた肉体、狙撃手《スナイパー》の集中力、あるいは政財界に暗躍するなどの「社会悪」への憧《あく》《が》れ…。それらは人の心の奥深くに太古より根付いた、大自然の諸力への敬いの、現代社会に於けるひとつの歪んだ形なのかもしれません。

であるなら、なおさらのこと、幼いころに美しい言葉によって語られる物語の中でそれらの諸力、それらのみなぎりあふれる生命《いのち》をおぼろの形象に体験できる子どもたちは幸せです。それらは選び抜かれた言葉という「美しい器」に盛られ、かつ充分に子どもたちの内に息づく破壊衝動・超常能力獲得衝動を充《み》たしまた洗い流すことができるのです。

それゆえ、私はほとんど断言してはばかりませんが、小さいころに豊かな物語をたくさんたくさん食べて育った子どもの心は、成長したあと、あえて社会のおぞましさ、むごたらしさに手を出そうとはしないものです。薬物や自らの殺傷行為に逃避することもありません。彼らの内の物語の世界は、大人になっても忘れ去られたようでありながら、生きることの力と勇気の源として生涯湧きつづけるのです。

Ⅳ．時代にふさわしい物語はあるのか、時代性と普遍性

前項で考察した、残虐性や悪の問題を進める形で始めたいと思います。ドストエフスキーの代表作に『カラマーゾフの兄弟』があります。私も十代の終わりから二十代の初めにかけて、彼の作品は取り憑かれたようにして読みましたが、中でもこの著作は『罪と罰』とともに特に優れていると思われます。登場人物の異常な性格・言動、筋立ての極端な展開の仕方など、想像を絶するような精神状態で書かれたのでしょうが、なぜこれが不朽の名作なのか、と考えると、やはり作品の提示する普遍的な問題提起が、際立つ人物像《キャラクター》の内に表現されているからだと思います。

人の心の「悪」とは何か。

人は「悪」を良心の呵責《かしゃく》なしに体現しうるか。

この作品の発表は、当時のロシアの社会状況などにも応える形だったと思いますので、その意味で時代性と普遍性の両者を兼ね備えているのだと思います。芭蕉の言う、まさに不易流行《ふえきりゅうこう》です。

これだけ人の心の問題性と明確に取り組んだ作品を日本の近代小説の中に探すのは難しい。深く自らの心に向き合った優秀な作品はありますが、自分の心を突き抜けて全人類・諸民族を貫くような問題提示をしているものはなかなか見つかりません。あえてひとつ例を挙げるなら、小説ではありませんが、宮澤賢治の『春と修羅』の詩作でしょうか。

一九九九年『バトル・ロワイアル』という作品が発表され、物議を醸《かも》しました。中学生が殺人ゲームの駒になる内容が、世の関心をあおりたてるようにして取り上げられ批判され、漫画化、映画化もされました。この作品がなぜ、全国の子どもたちの心を惹きつけ、社会現象にまでなったのか、私たちはまだ解明していませんし、語りつくしてもいません。そもそもまったくそのことを見ようとしない人が多く、日々子どもたちと過ごしている人間としては残念な思いです。

若者たちの抱える悪と暴力性で言えば、私たちは一九九五年の「オウム真理教事件」も一九九七年の「神戸連続児童殺傷事件」も、自らの問題として真摯に取り組んだ、社会的に語りつくした、とは到底言えないのです。

『バトル・ロワイアル』の「流行」は、大人が対処しきれていない課題に子どもたちが自ら取り組んだ、という社会現象だったのだと思います。なぜこの作品にそれだけの力があったのか、それはインタビューに答える作者高見広春の次の言葉に表現されています。

…僕自身のことを言うと、中学のときに、ものすごく反発を持っていたのは、「まさに管理教育みたいなことは、止めてほしい」ということですね。…（中略）…このあいだ、教育実習に行ったとき、やっぱりうるさく言っているんですよ。髪を染めちゃダメだとか、ピアスしちゃダメだとか。…（中略）…シャツの着方をだらしなくするな、とかね。いまだに言ってるんですよね。僕はね、そういうことはどうでもいいことだと思うんですよ。自由にやらせてあげたらいいと思う。自由にやらせない、権利も与えなければ、義務も与えない、っていうやり方は…。…（中略）…どんな子どもであっても、どんな人であっても、自分に誇りを持つべきだと思います。僕は、それが、いちばん大事なことだと思うんです。それがなかったら、ほとんど人間じゃないと思いますね。もしその誇りというものを、多少とも、子どもの中で育ててやろうとするんだったら、自由も与えなければ、義務も与えないっていうやり方は、まったくの間違いですね、僕の考えでは。

『バトル・ロワイアル・インサイダー』（太田出版）より

これを読んだとき、私はこの人は子どもたち若者たちの心の側《そば》にいる人だと思いました。教育や子育ての現場にいる人ではないと思いますので、日々子どもと共にいなくても、子どもの心を知ることは可能なのだな、と思ったものです。

この作品が、時代とともに忘れられてゆくのか、その普遍性が語り継がれてゆくことになるのかは、わかりません。

物語論から逸れているようですが、実は物語論の核心に触れようとしています。「うたばなし」という主題で、物語のひとつの究極を《言葉の美しい響きとリズム》と示しました。[*1]

ここにもうひとつの極が顕《あらわ》れます。すなわち《時代と民族を貫く思想》です。

私が創作物語を綴《つづ》るもうひとつの理由がここにあります。私に『カラマーゾフの兄弟』は書けませんし、『バトル・ロワイアル』も無理です。しかし若者たちの心に潜む暴力性のすごさと、しかしそれが変容して創造に向かったときの素晴らしさを知る者として、彼らを代弁するのではなく(しようとしてもできません)、彼らと同じ心を、少なくともかつては持っていた元若者・元子どもとして、できうる限り「時代の心」を伝えようとしているのです。

＊1　参考までに記すが、『バトル・ロワイアル』では文章の連なりが、短文＋長文、短文＋短文＋長文のように組み合わされ、先へ先へ読み進めさせるように構成されている。

V．ADHDの子どもらにはどう対処すればいいか

本書はそもそも、ごく当たり前の家庭におけるごく当たり前の子育てとしての物語の役割を伝えることにあります。とはいえその「ごく当たり前」とは何なのか。

見渡すに今どこの保育園、どこの幼稚園、どこの学校のどのクラスへ行ってもそこに「発達障害」という名称でくくられた子どもたちがいます。これをお読みの方の中にも、そういう子どもをお持ちの母親、そういう子どもが同級生にいる、親戚や友人にいる、という方がいらっしゃるでしょう。

私は専門分野が〈自閉症の子どもたちへの藝術教育〉であるため、なおのこと、そういう特別な「心の保護を求める子どもたち」への考慮を抜きにして論を進めることも物語を創作し語ることもできません。

そして本書をここまで読み進めてこられたみなさんも、物語と、それを含めた子育ての根幹に《リズムと響き》があり、それらの言語素材に対して小さな子ほど敏感であり、自閉症の子どもたちは中でも特に敏感で、それどころかその感受性を彼らは生涯持ちつづける…という流れに沿ってお考えになることが、ある程度できるようになられたのではないでしょうか。そし

てその流れの中にわらべうた～うたばなし～物語があるということも。

リズムと響き＝小さな子ども＝自閉症

リズムと響き↓わらべうた↓うたばなし↓物語

つまり「自閉症」や「発達障害」の子どもたちは現代の子どもの象徴的存在であり、彼らにとって大切なことは、実はすべての子どもにとっても大切であるということです。

そのように考えると、子どもらの代表であり象徴である彼らに「発達障害」と名付けることは、はなはだ不適当なことであり、ましてや、彼らをなるべく普通に健常に近づけようと訓練することにも慎重になるべきだ、ということがおわかりいただけると思います。

とはいえ、あくまでも物語のための本ですから、さまざまな症例について詳細に述べることはできません。あくまでも物語のための教育論に則したお話を続けてゆきたいと思います。

本項では、自閉症に加えてADHDすなわち注意欠陥多動性障害の子についてお話しします。

自閉症の子どもたちが、奇声を発することがあっても、彼らがその話の「言葉のリズムと響き」に「共振」してのことであれば、気になりませんし、そのままにしていていいでしょう。

彼らはたといきちんと坐って前を向いていなくとも、その場にいる誰よりも物語を深く体験しているのですから…。

ＡＤＨＤ、注意欠陥多動性障害についてですが、答えは単純ではありません。というのもそれはこの症例の診断によるところ大だからです。―症例の診断について考察するのは本項の役目ではないのですが、物語に関わる大事なことなので簡単に申し上げます。

ＡＤＨＤには通常二つの類型があるといわれ、ひとつが先天性のもの、二つ目が虐待を受けたことなどによる後天性のものです。加えて、多くの誤診が存在し、そのうちの特定のケースを私は疑似《プソイド》ＡＤＨＤと呼んでいます。

まず先天性のＡＤＨＤ（私は真性ＡＤＨＤと呼んでいます）ですが、もしもその子が正真正銘のＡＤＨＤであったとすれば、物語が優れたものであるなら、騒ぐどころか驚くほど話に集中するはずです。瞬《まばた》きひとつしないほど、お話が始まってから終わるまで同じ姿勢を保ったまま、微動だにしないほどです。

―というのも「注意欠陥多動」というレッテル付けはその子の一面を見ているだけで、実は彼らは類稀《たぐいまれ》な集中力を持っており、ただその反動そして均衡を得るものとして、一見して常《じょう》軌《き》を逸《いっ》した多動を表現するのです。その多動に情緒的・道徳的な意図性はありません。

次に後天性ＡＤＨＤの子どもの場合ですが、その多動性や、その心の荒《すさ》び方の度合いによります。その荒び方が尋常でないならば、もしかするとその子に対しては、物語を聞く聞かないというよりも、そのように集団にいること、規律の存在する場にいること自体、ふさわしいことなのかどうか考える必要があるでしょう。その子には本来、さらに手厚い細やかな少人数での対応が必要なのかもしれません。

三つめに、疑似《プソイド》ADHDですが、真性ADHDとの際立った違いは、その「多動」に必ず原因・理由・動機のあるところです。そして彼らの多くは、たいへん強い正義感を持っています。しかし彼らの尺度に合わないようなこと、大人によるある種の理不尽さには耐えがたく、例えばむやみやたらに子どもを叱りつける先生に、突然飛びかかってゆくなどします。そしていったんそうなったら、もう手がつけられません。ですから、何の理由があって、その子が乱暴なのかよく吟味することです。

疑似《プソイド》ADHDの子どもの中には、信頼できる大人の存在を強く求めている場合があります。もしそういう大人が存在し、その大人がその子のためにふさわしい物語を創作する、というようなことがあれば望ましい。その物語はその少年(少女)にとって人生の灯火《ともしび》となるでしょう。

Ⅵ．キャラクターの問題

漫画や動画《アニメーション》の主人公、映画に登場する超人的英雄《ヒーロー》や怪物《モンスター》・怪獣は子どもに対して強い魅力と影響力を持っています。これを「キャラクター」という言葉でくくり、物語や昔話の中の登場人物やけものたちと比べてみたいと思います。

まず「キャラクター」が、その絶大な吸引力をもって多くの子どもたち、時には民族や国家を超えて流行し、愛着され、定着するのに対し、昔話の登場者については、グリムやジェイコブスの採集話のように、物語が長い年月をかけて世界中で読まれることがあったとしても、その中のひと役、ひとり、一匹だけが抽出されて特別視されることはありません。

ドラえもんやミッキーマウスはさまざまな製品《グッズ》になり、世界中の子どもにとって、いついかなるときでも同一の姿形を現します。

けれどもヘンゼルやグレーテルのTシャツというのは見かけませんし、浦島太郎も携帯電話のストラップにはなりにくいと思います。

ただし物語の主人公も「白雪姫」のようにいったん動画化され、映像化されて流行し、また「桃太郎」のように国家政治教育の材料になってしまうと、それらは物語から抜け出して、ひとつの「キャラクター」としての道を歩み始めます。

次にその影響についてですが、子どもの心にひとたび住みついた「キャラクター」は二度とその姿を変えることがなく、そのことで子どもの心の想像力のはたらきを押し留めてしまいます。

それがどれほど深刻なことであるか、子どもだけでなく大人にも、なかなかわかってもらえないのですが、もし「キャラクター」に束縛される、いや呪縛されると言ってもいいほどに、深く影響を受けてしまった自閉症の子どもたちを見るなら、事の重大さが少しは理解されるかもしれません。すなわち、自閉症の子どもの「こだわり」の部分に「キャラクター」がいったんはいってしまったら最後、朝から晩まで件《くだん》の「キャラクター」の名を呼ばわり、それはいちいちの行動の動機となり規範となり、まさに寝ても覚めても○○ちゃん、になってしまうのです。

○○ちゃん朝ごはん食べた
○○ちゃんは学校いく
○○ちゃん何して遊びたい
…などなど

すると○○ちゃんなしでは生きてゆけなくなり、それから引き離すのは容易ではありません。

一方「キャラクター」にまだなっていない物語の登場者は、一人ひとりの子どものなかで姿をいかようにも変え、成長し、それこそが子どもの心の想像力の自由自在さ豊かさの原動力となります。

「キャラクター」は想像力を根絶やし、物語は豊かな想像力を育むのです。

私はここに動画《アニメーション》や映画の単なる否定をしようというのではありません。実は私も映画産業の真っ只中に生まれた子どもで、小さいころの遊び場のひとつは映画館でした。けれども私はほとんどスクリーンの前には坐らず、売店の脇の三和土《たたき》（土間）で遊んでいました。

というのも、その後テレビにロボットのヒーローたちが登場したときも同じだったのですが、それらの「キャラクター」を見て私の心に流れたのは〈深い哀しみ〉でした。彼らの万能さはかえってその限界を感じさせるものでした。なぜなら、そこに見えるそれ以上のものになりようがないからです。百の能力は「百もある」ではなく「百しかない」でした。映画史・動画史を飾るそれらの名作は、想像力の働かなくなってしまう人類の「哀しい」未来を予感させる、極めてすぐれて知的な文明批評だったのです。

Ⅶ．ファンタジー小説について

子どもたち、特に小学校の高学年から思春期の子どもたちの心をとらえて離さない「ファンタジー小説」についても述べてみましょう。そこには昔話や民話・童話と呼ばれる物語文学・説話文学には見られない、意識の発展が見られます。

長い年月の風雪をくぐり抜けて生き残った昔話、あるいは優れた創作物語は、大自然と人間の心の写し絵であり、それを本書では「原像」として伝えてきたわけですが、そこには目に見えないものへの深い畏《おそ》れの念、委ねる心が見られます。

一方「ファンタジー小説」としてくくられるものの多くには、人間の自己の力に対する信頼があり、主人公は逆境を乗り越え、精神的な勝利を勝ち取ります。

人間の自己への信頼、私は「過信」と言ってもよいと思うのですが、この傾向は、いわゆる「冒険小説」というものの流行、例えば一七一九年に発刊されたイギリスのダニエル・デフォーによる写実主義的近代冒険小説『ロビンソン・クルーソー』などから本格的になったように思われます。

その上これらの小説は、子どもたち若者たちも含めた読者の反応を強く意識していて、それゆえ優れた才能を持つ作者であれば、他の小説と同様ベストセラーになり、前項の「キャラクター」と同様、民族・国家を超えた大流行にもなりえます。「キャラクター」と少し違うのは、「キャラクター」の流行がしばしば意図的につくられ、その背後にはすでに企画や戦略があるのに対し、「ファンタジー小説」の作者たちは、一見そのような大量生産性に反対の立場を取っているようでありながら、自作のメガ・ヒットによって結果的に世界の子どもたちの心の画一化にひと役買ってしまうのです。

なぜ意識の発展がいけないのか、なぜ人間の勝利がいけないのか。

少しもいけなくありません。けれどもまさにその「意識の急激すぎる発展」と「人間の力の過信」が現代社会のあらゆる問題に結びついていることも事実です。その「発展と過信」はデフォーの『ロビンソン・クルーソー』の発刊後まもなく始まった産業革命によって加速し、その流れが、現代の原子力をはじめとする科学技術やコンピュータ産業に代表されるメディア社会への盲信として、受け継がれています。

「過度の意識の発展とその過信」は、人の心を、乾かし、大自然への畏れから引きはがし、独りよがりにさせます。一方昔話や物語において、人は大いなる運命の女神の力を敬い、重んじます。大自然や神々に対して人間が勝つか負けるかではなく、それら偉大なもの目に見えないものに人の心が「共振」します。

Ⅷ．語るとき抑揚をつけるのか

再び、「物語」の現場に戻りましょう。

昔話や物語の講座や研究会などで話をすると、よくされる質問があります。

「語り口は語り手の感情を移入せず、素朴に淡々とするのがいいのですよね？」

答えは「はい」であり、「いいえ」です。

まず質問の前半について。

語り手が自ら感情を移入すべきでないのはまったくその通りで、そのことによって物語の持つ普遍性・客観性が失われ、その身勝手で作為的な表現が、かえって子どもらが自ら働かせようとしている想像力を妨げ狭めてしまうからです。

次に質問の後半についてです。

素朴に淡々…という指示には落とし穴があります。つまりそれがたったひとつの指示である、ということ自体、すでに作品の表現を画一化してしまうのです。

その物語に語られている言葉が「淡々と」した表現を求めているのか、それともどんな物語でも「淡々と」表現すべきなのか。

ここに二つ目の落とし穴があります。

すなわち「淡々と」語ることはともすると無表情な表現になり、それは確かに物語の内容・筋立てを子どもたちに伝えて、あとの想像は子どもたちに委ねる、という物語のひとつの役割は果たせるかもしれない。しかし、物語のもうひとつの重要な役割、かつさらに重要な役割としての《美しいリズムと響き》の表現（再表現）はほとんど無視されかねないのです。

第五章　楽しいうたばなし　Ⅱ．きつねさん、かみさま　を見てください。

私はひとつの可能性として「きつねの金造」の表現を、

金造のキンの「ン」を地の底の深くから引きずり上げて、天高く「ゾ」のところまで引っ張り上げてください。

と書きました。これは感情移入ではなく、あくまでも音とリズムの本質から自ずと生まれる表現です。

これをもし、何の「抑揚」もなく、棒読みあるいはコンピュータの操作でつくった人造の声のようにしてみたらどうでしょう。

キ・ツ・ネ・ノ・キ・ン・ゾ・オ・ニ・チ・ガ・イ・ナ・イ

なんとつまらない味気ないものになってしまうか！

狼が「ウォー」と吼えるとき、「ウォー」はひとつの必然であってこれが「ウィー」だったり「ウェー」だったら困ってしまう。

ウォーのウ＝Wは「地の震え」でそこから「深く青い死」を予感させる母音のOが吹き出してくる。子どもらは大地の奥深くに太古から存在してきた貴くも恐ろしい響きをそこに聞くのですから、「ウォー」もただなんとなくではなく、「ウォー」の望むWとOの音と響きの表現がそこにされるべきなのです。

言葉の精霊たちが喜んで乗れる「きらめく仔馬《こうま》」が次々と繰り出すような物語、昔語りこそ理想です。

Ⅸ．物語はいつ語り聞かせるのか

これは普通に考えてみてください。

子どもが朝起きたとき、お母さんがそのあどけない我が子の顔を見つめて、いきなり
「昔むかしあるところに…」

と語るでしょうか。

朝ごはんのとき、いただきますをする前に
「おじいさんは山へ芝刈りに」

とはならないでしょう。

物語、昔語りに最もふさわしい時間は、昔から夜眠る前と決まっています。

ただし、学校や幼稚園・保育園・施設などで、子どもが一日のうちの一定時間しかいない場では、その活動の最後に持ってくるのがよいでしょう。私たちの東京や沖縄の研究所も、物語はクラスの時間の最後にしています。

昨今、ヴォランティアの方々が学校で授業の始まる前に読み聞かせをされていますが、それはけっして悪くはありません。素晴らしいことですが、できれば一日の授業の終わりにしたい。

もしそれが無理なら、朝一番にふさわしいもの、つまり物語・昔語りではなく、子どもらとともに美しい詩を朗唱し、美しいうたを歌うのがよいでしょう。

うたは未来への希《のぞ》みを歌うのであり

物語は過去を振り返って味わいなおすものだからです。

夜寝る前に母が子どもに物語を聞かせる。すると子どもは一日を振り返って

「ああ、今日一日も無事終わった」

「今日し残したことは何もない」

「今日し残したことは明日にしよう」

とホッとして緊張を解き、心身を落ち着かせてから、眠ることができるのです。

そのとき物語は、穏やかな夢の海原、真《まこと》の「お話の島」へ夜の舟出をするための大切な準備となります。舟旅の羅針盤、水先案内ともなるのです。

母は岸辺で見送りますが、「お話の島」の舟着き場でも母は子らの到着を待っているのです。

母性、母たちの国、物語の大切さは、語りつくすことができません。

一日が終わります

たくさん遊びたくさん働いたあとで
星空へ還ります
女神さま母神さまのもとへ還ります
さわやかな朝の目覚めまで

私たちは子どもらを信頼し、浜から送り出しましょう。彼らは「物語」という羅針盤を案内に、夜の舟旅も、実人生の舟旅も、し遂げるに違いありません。

その考えでいえば、夜の眠りは少なくとも子どもたちにとっては「疲れを除《と》るため」というよりは、「新しい生命《いのち》の力を取りにゆくため」と表現したほうがよいのかもしれません。

それでは今宵より良い舟旅を！

エピローグ

（懇談会のあとの昼食会にて）

木村洋　「とらおおかみ」の世話人やってて大変なのはさ、さっきも言ったことなんだけど、みんな当然『鶴の恩返し』とかさ、そういうのやると思ってくるわけよ。でも先生は全然しないからさ。それどころか、「今日はみなさん一人ひとり短いお話創ってみましょー」だからね。ギョヘーでしょ。

川手　そのかわりいろいろいいお話できたじゃないですか、ねえ、小久保さんの『あさがお』（巻末補遺I参照）とか。

小久保　それが不思議。まさか無理だと思ったんだけれど…、家に朝顔が咲いていたのと、息子が言うことを聞いてくれないのが、ふっとその場でくっついてできちゃいました。

川手　ほんとに身近なところから、ですよね。森さんのは、猿が唐辛子を塗ったトマトを食べる話（補遺I『とうがらしトマト』）。

森　ちょうど庭にトマトを植えていたので…。

川手　水島さんの『土団子』（第二章Ⅰに既出）も…。

水島　そう、出産前の臨場感。

川手　「土団子」がオギャーオギャーと生まれ、今やモゴモゴ言いはじめてますね。

水島　そう。まだ小さくて言葉になってないけど、私たちは歌で語りかけてる。子どもの会話って歌から始まるんだね。

二木　うちの子も小さいころは散歩に行ってタンポポみればタンポポのうた、蛙《かえる》がいれば♪ゲロゲロゲロゲロ蛙さん♪とか、そこにいるもののあるものを歌い、生活の中で気にいったことを歌ってましたね。♪まな板トントンお野菜トントン♪とか、おふとん敷くときは『ホッレおばさん』のことを思い出して、♪羽布団ハネブトン羽枕ハネマクラー、ハラハラハラハラ雪が舞うー♪とかね…。

川手　タンポポを慈《いつく》しむ気持ち蛙に親しむ気持ちが歌になる。言葉が感情豊かにリズムと旋律を持って歌われる。母と子は《リズムと響き》で会話する。

木村洋　お母さんがその場で感じたことをさ、鼻歌みたいに「ふ～ん」ってハミングしながら始まるのっていいじゃない…って思う。以前だったら、すでにあるうたの歌詞を完璧に覚え、お話も本から選んで一字一句違わないようにって覚えてたから、そりゃもう大変だった。暗記するのが辛かったね。それはそれでいい経験だし、大切なことだとは思うけど、でも義務感になっちゃうとね。そうじゃなくて、心から湧き上がってくるものをそのまま伝えればいいんだって思えるようになった。そしたら気持ちもずいぶん楽になった。

水島 今私の中に湧き起こっているのは、「かゆいのかゆいの飛んでけー」。うちの子アトピーでかゆいから…。お山に飛んでけーってね。山に飛んでった「かゆいの」はどうなるんだろうかって…。

川手 「かゆいかゆいの国」ですね。私は子どものころから、あんなにたくさんあるボールペンがなぜなくなるのか不思議で仕方なかった。一本、また一本と、どこへ行くのだろうか…。それがこのあいだやっとわかりました。「ボールペンの国」へ行くんだって（笑）（補遺Ｉ『いたいいたいの国、かゆいかゆいの国、いやだいやだの神さま』『ボールペンの国』）。

水島 自然に出てくるものと、意図的なものとを見分ける力が子どもにある。不自然なものに対して、子どもは「受け取れませーん」ってはっきりしてるよね。

小久保 私も自然に出てくる「かゆいかゆいの国」のこと聞いてみたーい。

川手 いいですよ、水島さん親子から感じ取るままに、お話してみましょうか。

みんな　よろしくお願いしまーす。

川手　それじゃあこれから、今は昔の話するから。

みんな　昔むかしの話するから。

わらし集まれ　腰おろせ　きき耳たてろ…。

あとがき

その日、午睡《ごすい》から覚めた私はまだ夢現《ゆめうつつ》の中、枕元に不思議なものを見た。玉葱《たまねぎ》の茶色い薄皮を剥《は》いだ状態で、内側からエメラルド色の光が放たれ、縁《ふち》はトルコ・ブルーに輝いている。濃い紫色のしっぽが細長くサキソフォーンのように折り曲げられて付いており、先は房《ふさ》になっていた。

「あなたは誰？」

「私、玉葱の精霊イルミナウ」

イルミナウは鈍くて心地よい羽音をたてながら、部屋の隅の薄暗がりへ消えていった。そこが玉葱の国との出入り口であるように、自然に…。あとには羽をはばたかせて撒《ま》いた、たぶん鱗粉のようなものが、微《かす》かな沈丁花《じんちょうげ》の香りを残していった。

私の生家の庭には沈丁花の灌木《かんぼく》があり、早春に芳香を放っている。その花は幼いころの思い出＝生命《いのち》の記憶と結びついている。

その「生命の記憶」が、最近出遭った子どもたちや事件と化学反応を起こして融合したに違いない。

このように、物語の国への扉はいつも開いている。物語の国は〈原像〉の国。そことの行き来が現代においても自由になり、〈原像〉の持つ力が子どもの心、私たちの心を生き生きさせ、本来の姿に戻してくれることを願っている。

ここに本書を共に作成してくださった人々に感謝の念を表したいと思う。

私どもの研究所に何度も足を運び、本書の意図する物語の大切さを語らい、探し、見つけてくれた、地湧社の増田圭一郎氏とライター・編集者の片岡義博氏。原稿を実際の形にするまでの地道な作業にときを惜しまず携《たずさ》わってくれた当舎のスタッフたち、そして何よりも私の創作の励みであり、実はそれらの源泉である東京、沖縄、そして各地の子どもらとそれを見守る父母たち先生たち。プロローグとエピローグには、本書の斬新《ざんしん》な試みとして北海道の母たちに登場していただいた。

そしてそもそも私が書き放し、語り放していた物語の数々を編んで発表する要を説き、自らの力で編纂作業を進めてくれた、当時(二〇〇五年度)の昔話研究会「阿佐ヶ谷とらおおかみ」の有志「しかくい丘」の面々。彼女たちの無私なる奉仕と実際に残してくれた物語資料が土台としてなければ、本書作成は極めて困難だったと思う。

「とらおおかみ」という名は肥後に伝わる『ふうれんもうろう』(よく知られる『古屋《ふるや》の漏《も》り』のひとつの原形、巻末補遺Ⅱ参照)に出てくる、恐ろしげなおおかみのことである。この名のもとに各地で昔話・物語の研究と実践がされ、その成果がここにひとつの形として結ばれたことをたいへん喜ばしく思う。

ありがとう。

二〇一〇年九月

川手鷹彦

補遺Ⅰ

プロローグとエピローグで話題に出たものです。簡潔で、面白く、かつ「風の中の原像」をサッとつかんだようなお話です。それも肩に力を入れずにサッと。みなさんも試して創ってみてください。

二人の小人

森の真ん中に大きな大きな木がありました。
その木には二つの穴がありました。
ひとつは木の根っこのところ、
もうひとつは木の真ん中にありました。
根っこの穴にはちょっと太った働きものの小人が棲んでおりました。
真ん中の穴にはひょろりとやせた歌を歌う小人が棲んでおりました。

太った小人は太陽が昇ると起きるのでした。
やせた小人は月が昇ると起きるのでした。

二人の小人はひと月に一度だけ会えました。
それは新月になる前の日です。
その日は明け方に太陽と月がほんのしばらくいっしょに空にいるのです。
やせた小人は太った小人といっしょにごちそうが食べられます。
太った小人はやせた小人といっしょに歌が歌えます。

ああ、おいしいおいしい
ああ、たのしいたのしい

木村洋子
『おはなしおはなし第二集』(伊達とらおおかみ版)より

引き出しお化けの話

子どもたち、「引き出しお化け」って知ってますか？

このお化けは、引き出しを開けたら開けっぱなし、中から出してそのまんまーにする子どもたち、

「引き出し開けっぱなしでいいんだよー。あとからママが閉めるから」

そういう子どもが夜寝ていると、引き出しの隙間からひゅるひゅるーっと出てきて、

「だれだー、引き出しを開けっぱなしにする子はー。どこにいるー。あー、ここにいたぞー、ペロリ」

あぁぁ～。


それから、もっと怖いお化けは「洋服脱ぎっぱなしお化け」。

脱いだお洋服をポーンとそのまんまにしておく子どもたち、

「どうせママが片付けるからいいんだもーん」

そういう子どもが夜寝ていると、脱ぎっぱなしのお洋服の下からひゅるひゅるひゅるーっと

出てきて、

「だれだー、洋服脱ぎっ放しの子どもはー。どこにいるー。あー、ここにいたぞー、ぱくりー。あそこにもいたぞー、ぱくりー」

あぁあ～。

それからもうひとつ。いちばーん怖いお化け。このお化けは、怖いよー、「お菓子ばっかり食べて、ごはんちゃんと食べないお化け」は。

「せつこー、ごはんどうするのー」

「いらなーい」

「まゆみー」

「いらなーい。だって、おやつ食べてお腹いっぱいだから、いらないんだもーん」

そういう子どもが夜寝ていると、食べ残しのごはんの下からひゅるひゅるひゅるひゅるーっと出てきて、

「だれだー、おやつばっかり食べてごはん食べない子はー。どこにいるー。あー、ここにもいたー、ぺろぺろー。そこにもいたー、ぺろぺろぺろー。あそこにもいたー、ぺろぺろぺろぺろー」

あぁあ〜。

（そうしてお化けに食べられちゃった子もいるし、食べられないですやすや寝ている子もいますねー。）[*1]

おしまい

二〇一〇年五月十八日

青森・十和田・小さな森保育園　伝承遊びの時間に

原話／水島好　作／川手鷹彦

＊1　（　）内はなくてもよい。

あさがお

あるところに太郎という男の子がいました。

ある日太郎はいつものように庭で遊んでおりました。

「太郎」お母さんが言いました。

「あさがおに水をあげてちょうだい」

太郎は毎日水をあげていましたが、あさがおはなかなか咲きません。

「つまんなーい」太郎はあさがおに水をやるのがだんだんいやになりました。お母さんに言われてやっとじょうろに水を汲み、水をやるのに気もそぞろ…

「ちぇっ。ぜーんぜん咲かないや！」太郎はあさがおをぐしゅっと踏みつぶしてしまいました。

ところが次の朝、太郎が庭に出てみると、これはなんということ、庭中にあさがおの花が咲いているではありませんか。

あさがおのツルはいつの間にかずいぶん伸びて、家の壁にはいのぼり、屋根まで伸びているのでした。

「すげえ。あさがお、あっそれから昨日はごめん」

太郎があやまると、あさがおはますます元気に花を開き、ツルを伸ばすようでした。
そうして太郎の家はいつしか
「あさがおごてん」といわれるようになりました。

小久保由香

『おはなしおはなし第一集』（伊達とらおおかみ版）より

とうがらしトマト

あるところにさるがいました。
さるは畑にトマトを植えました。
トマトは真っ赤になりました。
そこにカラスがやってきて、
「さるさん私にもトマトをくださいな。」と言いました。
さるは「市場に行って売るのであげられないよ。」と言いました。
次の朝もトマトは赤くなりました。
カラスは、さるがとりに来る前にトマトをつついて
食べてしまいました。
さるが来てみると、トマトが食い散らかされていました。
次の日さるはトマトにとうがらしをぬっておきました。
カラスは次の日もやってきて、トマトをつつきました。
カラスは辛くてたまりません。

辛くて辛くてカーカーカーと鳴きました。

森貴子

『おはなしおはなし第一集』（伊達とらおおかみ版）より

原題は「さるとカラス」

いたいいたいの国、かゆいかゆいの国、いやだいやだの神さま

「ママー、お母さーん、母ちゃーん…いたいよー…」（などなど…）

みなさん、みなさんがまだ小さかったころ、ぶつかったり転んで痛くしたときにお母さまに訴えると、

「あーよしよし、あーよしよしよしよし…」

お母さまは優しくさすってくれて、それから

「いたいのいたいの飛んでけー」

ってしてくれたでしょ。

（子どもら「してくれましたー」「してくれませーん」）

さぁ、いたいいたいは、いったいどこへ行ったのでしょう。

実はね、いたいいたいは「いたいいたいの国」へ行ったのですよ。山を越え谷を越え、それからいくつも山谷《やまたに》越えてゆくのです。するとそこに「いたいいたいの国」があります。その国には、いたいいたいの鬼たちがいて、飛んでいったいたいいたいをおいしく食べてくれるのです。

「うぉーい、やっと来たぞい、ムシャムシャムシャ」

「うーん、うまい。こりゃあきっと小さくてかわいい子のいたいいたいだな。パクパクモリモリ…」

ですから腹をすかせた鬼たちに、たまにはいたいいたいをあげないとね…。

みなさん、それからかゆいときありますか。どんなときですか。

(子どもら「虫に刺されたとき」「アトピー出たとき」…)

そうしたらけっして掻《か》かないで、じっとしばらく我慢しているとね、かゆいかゆいが、かゆいところからフワッと浮き上がりますよ。「うわっ浮き上がった」と思って見ていると、それはフワフワ雲のように流れてゆく。フワフワワフワフワ山を越え谷を越え、それからいくつも山谷越えてゆくのです。するとそこに「かゆいかゆいの国」があります。そこではかゆいかゆいが普通なので、飛んでいったかゆいかゆいの雲は、粉んなってパラパラパラパラ降ったなら、砂や土と混じり合ってわからなくなってしまいます。

えっ？　でも地面に残るんじゃぁ気になるって。

大丈夫ですよ。「かゆいかゆいの国」にはね、おなら爺さんとおなら婆さんがたくさん住んでいてね、かゆいかゆいと砂土《すなつち》が混ざり合っているところに来ると、後ろ向きに横一列に並んで、お尻をヒョイヒョイヒョイヒョイとめくってから、勢いよくおならします。

ブブー
プスプスー
ブボブボブーン！

するとかゆいかゆいの砂土は吹き飛ばされて、消えてなくなってしまうのです。これで安心ですね。

それから、みなさん、いたいいたい、かゆいかゆいのほかに、何かいやなことありますか。

お友だちの中でね、ちょっといやだな、と思う子いますか。

（子ども「いまーす」「いませーん」）

では、もしいたらの話ですが、そうしたらあんまりいやだいやだと思わないで待っていると、これはまた「いやだいやだの神さま」がね、わざわざ取りに来てくださるのです。

山を越え谷を越え、それからいくつも山谷越えて飛んできて、みなさんの学校やおうちのそばまで来ると、空の上から
「いやだいやだの気持ちよ、こちらへいらっしゃーい」

するとあれあれ、不思議なことにいやだいやだは素直に呼ばれて、すーっと上へ昇ってゆく。そうすると神さまはいやだいやだを小脇に抱えて、またいくつもの山谷越えて飛んでいってしまいます。そうしていやだいやだの神さまの国までゆくとね、神さまはゆっくりと時間をかけ

ていやだいやだと話をしてくださるそうです。そうすると、みなさんのいやだいやだは気持ちがよほど楽になって、いやだいやだでなくなるそうです。あー、よかった。

おしまい

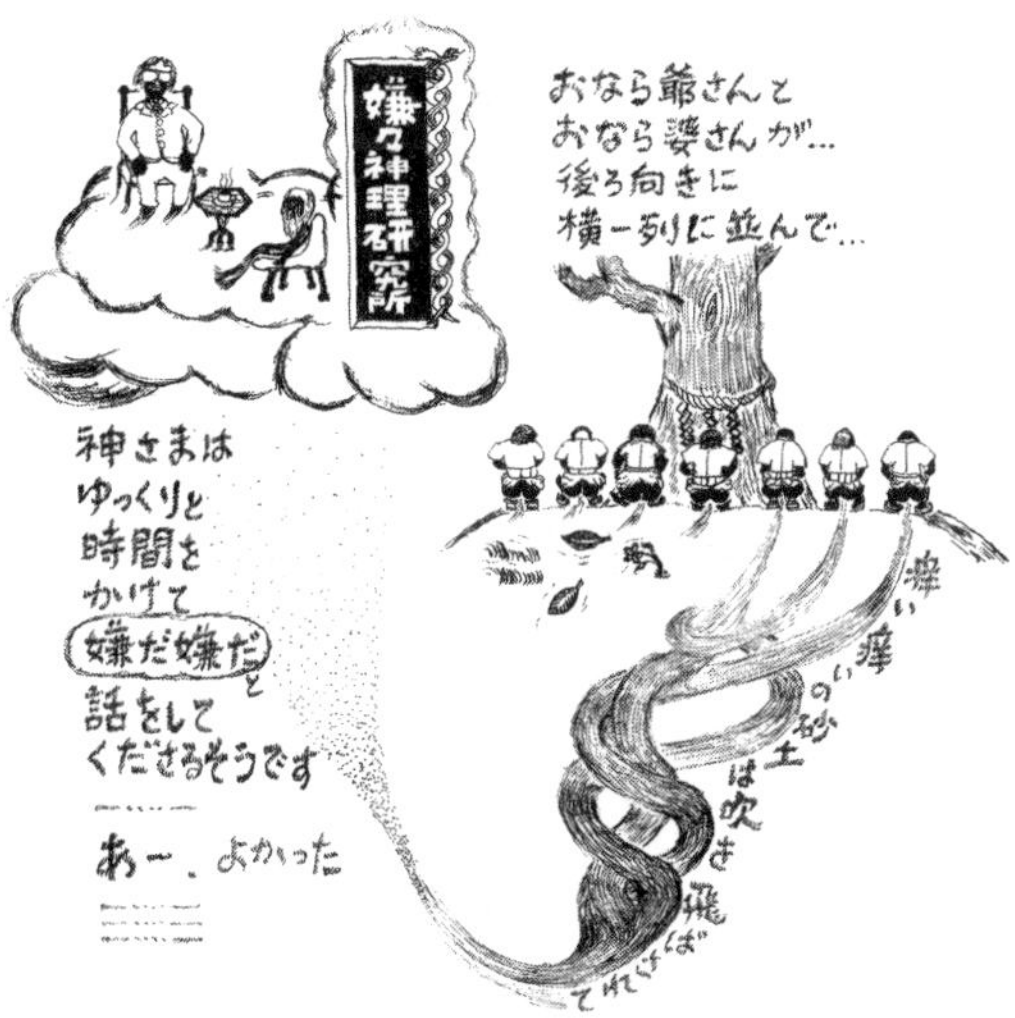

二〇一〇年五月二十二日

まるめろの木　せみクラスにて

原話／水島好　作／川手鷹彦

みなさん、ボールペンを失くしたことありませんか。たくさんあっても、いつの間にか少なくなっているでしょう。ボールペンたちはきっと知らない間に、自分たちの故郷、そう「ボールペンの国」へ帰ってゆくのです。しばらく使われると、故郷がなつかしくなって帰るのです。ですから、夜中に起きたら、勉強部屋へ行ってごらんなさい。机の上や引き出しの中から、ボールペンたちがコロコロコロ、コロコロコロコロ…

「いやー、長いフライトでしたなー。あなたはどちらから」

「私は街角の文具店内の集合ペン立て住宅に住んでいたペン太です」

「これはペン太さん、はじめまして。私はたかしくんちの勉強机に住んでたふで次郎ですが、あなた文具店にお住まいだったっていうことは、未使用の方ですね」

「はい。…で、それが何か」

「だって私たちは、人にいったん使われないと帰国できないはずでしょう?」

「いやいや、それがこのあいだ法律が変わって、未使用の者でも帰れるようになったんですよ。なにぶんボールペンも少子化でね」

「なるほど、そうですか。それはよかったですね」

飛行機はボールペンの国に着きました。

Ball Point Airlines from Toaru-chiisana-machi, BP007, has just arrived!

飛行機から降りて、空港ビルにはいりました。

「ところでペン太さん、あなたはお土産に何持ってきました?」

「消しゴム」

「消しゴム? 消せないでしょう」

「ハハハ、そうでしたな。急いでたもんで、とりあえず隣の棚にあるものを持ってきてしまいました。で、ふで次郎さんあなたは何を?」

「私はこれ」

「ふーん、それ何の薬ですか」

「酔い止めです」

「そりゃまた何で」

「最近若い人たちの間でペン回しが流行《はや》っているでしょう。これ飲まないと目が回ってしょうがないんで」

「ペン回しですかぁ」

「それがまた、うちのたかしくんがペン回しの名手…というか、勉強に身がはいらないんで、ついついペン回しに流れちゃうもんですから…」

「ふーん、時代ですなあ…」

入国審査です。列に並び、そして番になりました。

「はい、パスポート見せて。何々、現住所が街角文具店内ペン立て集合住宅かぁ。あなた、帽子取って見せなさい」

「帽子って?」

「帽子! 頭の上にかぶっているその黒いキャップですよ」

「あ、これですか」

「これですかって、あなたね、ボールペンの国で帽子といえば、キャップのことに決まってるでしょう」

「そうでした、すみません。しばらく国を離れていたもんですから」

「まあいいから。とにかくその帽子を取ってごらんなさい」

「ハ、ハイ」

「あー、こりゃダメだ。やっぱり未使用じゃないか」

「えっ、未使用でも帰国できるようになったと聞いてますけどー。少子化で法律が変わったって」

「それがねぇ、昨日でまた元に戻ったんですよ。四菱《よつびし》だかなんだか大きな会社がね、次世代ボールペンとかいっちゃってね。ボールペン史上最大のベビーブームですよ！」

「ヒェー」

というわけで、哀れ未使用ペン太さんは、街角文具店の集合住宅に戻りました。

「あー、早く売れて使われないかなぁ」

けれどもこの文具店、昔は近くの小学校の子どもたちで大賑わいだったのですが、この頃はサッパリ。一年に鉛筆一本売れればいいほう。

「あーあ、これじゃあ国へ帰れるのもいつのことやら…。キヨスクやコンビニのみんなが、…うらやましいなぁ！」

おしまい

二〇一〇年二月十八日

阿佐ヶ谷とらおおかみにて

川手鷹彦 作

補遺Ⅱ

それではいちばん最後の最後に、伝承昔話のひとつを土地の言葉のそのままに載せましょう。

本書の表題「とらおおかみ」が出てくるのでご紹介することにしました。かつて熊本の友人が採集して送ってくれたものです。そのときのまま、一切手を入れていません。素晴らしい言葉の力、まさに《美しいリズムと響き》です。こうなると、結末の起源明かしも知的に感じられないからすごいですね。

ちなみに「とらおおかみ」とは、「虎のように恐ろしい狼」とのことでした。見事な〈原像の融合〉です。

ふうれんもうろう（古屋《ふるや》の漏《も》り）

むかし、山んなきゃ、じいさんとばあさんのおった。

そん、じいさんとばあさんはそーんにゃん馬ん好きで、いさぎよーか馬ばこうとった。

とこっが、ぬすっとの、そん馬ばとろうと思うち、ある晩にそん家さんしのびこんだ。

そしてか、ぬすったぁ馬小屋ん梁《はり》ん上さんあがってか、まっとったばってん、いつまってんまっとってん、そん馬は戻ってこんけん、馬小屋ん梁の上しねむってしもうた。

山なかん、とらおおかみいうやつのまたじいさんとばあさんばとって喰おうと思うち、やってきた。

こん、とらおおかみゃあ

「おるが世界中で一番強かもん」

と思おとった。

そして、じいさんとばあさんの話しょっとば聞くと、じいさんのばあさんに

「ばあさん、ばあさん、ぬしゃ世ん中でなんが一番おとろしかや」

とききよった。

ほか、ばあさんのじいさんにいうこつにゃ

「おるが一番世ん中でおとろしかたぁ、とらおおかみたい」

そるば聞いたとらおおかみはよかーきしょくになっち、こんやはふたっとめとって食おうて思っとった。

そっかぁこんだ、ばあさんのじいさんに

「あーた、世ん中でなんが一番おとろしかな」

ってたずねた。

そっで、じいさんのいうこつにゃあ
「おるが一番おとろしかた、ふうれんもうろうたい」

そっば聞いて、とらおおかみゃあたーまなった。

「おっが、世界で一番強かと思っとったとこっが、ふうれんもうろうちゅう強かやつがおる」

と聞いたもんで、とらおおかみはおそろしなってふるえとった。

そんとき、馬ぬすっとん目ばさました。下んほうばのぞいてみっと、下に馬んごだっとのおるごつ見えた。ぬすったぁそるがこん家しこうちある馬って思うたけん、うえか、そん上さんとびのったそうたい。

そうすっと、とらおおかみゃあ
「こうるが、いま話に聞いたふうれんもうろうにちがいにゃあ」

って思うち、たーまがってかけだした。そして、とらおおかみの仲間どんのおっとけ、えっしょけんめ走ってか穴ん中さんはいった。

ぬすっとんほうは
「こーん馬ばはなしちゃならん」

と思うち、しっかつかまえていった。そして、穴入り口んとけとまって、中かんまた出てくっとばまっとった。

とらおおかみゃあ穴ん中さんはいって、けものんたいしょうにふうれんもうろうの話ばした。

たいしょうは
「だるかそん、ふうれんもうろうばつかまえちけ」

というた。

みんなおそろしがってか
「おらぁいかん、おどまいかん」

というた。

そってさるがりこうだけん、いぐごつなって、しっぽば穴ん外さん出したそうたい。そうしたとこっが、穴ん外んおったぬすっとの、そるば馬んしっぽと思うちつかまえた。そしてそっばいっしょけんめ引っぱった。さるぁ、ふうれんもうろうかつかまえられたと思うち、下んほうさんいっしょけんめ引っぱった。ぬすったぁ上さんひーく、さるぁ下さんひーくで、とうとうさるんしっぽはひっきれしもったてったい。

そっだけん、むかしゃあさるいっぴゃあ毛はいちしっぽも長かったばってん、いまじゃ顔ば岩にこすってかけんはげち色のあーこなって、しっぽもみじかかとげなたい。こんでしみゃあ。

〈著者紹介〉

川手鷹彦（かわて たかひこ）

1957年、東京生まれ。藝術治療教育家。演出家。89年、スイスのゲーテアヌム言語造形・舞台藝術学院卒業。俳優・演出家として活動しながらドイツの治療施設で自閉症、ダウン症、非行の子どもらの藝術教育に携わる。93年から日本で治療教育の実践を始める。現在、東京で藝術・言語テラピー研究所「青い丘」、沖縄で「青い丘」治療教育研究所うーじぬふぁーを主宰。著書に『隠された子どもの叡知』『子どものこころが潤う生活』など。訳書にドナ・ウィリアムズ著『自閉症という体験』（いずれも誠信書房）

とらおおかみ　子《こ》どもらの心《こころ》が生《う》んだ物語《ものがたり》

2010年11月20日　初版発行

著　者　川 手 鷹 彦　© Takahiko Kawate 2010

発行者　増 田 正 雄

発行所　株式会社 地《ち》 湧《ゆう》 社

東京都千代田区神田北乗物町16（〒101-0036）

電話番号：03-3258-1251　郵便振替：00120-5-36341

装　幀　岡本健＋阿部太一［岡本健＋］

印　刷　モリモト印刷

製　本　小高製本

ISBN978-4-88503-210-3 C0037

それじゃあ
これから
今は昔の
話をするがっつ